CH. DONOS

Verlaine Intime

PARIS

LIBRAIRIE LÉON VANIER, ÉDITEUR

19, QUAI SAINT-MICHEL, 19

—

1898

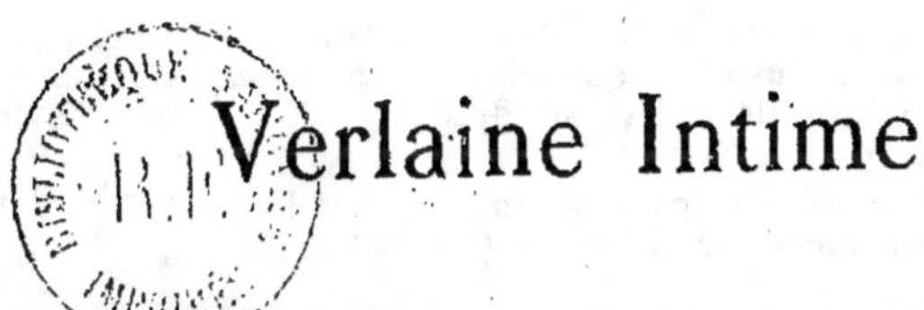

Verlaine Intime

OUVRAGES DU MÊME AUTEUR

Les Belges dans l'Afrique Centrale : LE CONGO,
2 vol. in-8°, illustrés de nombreuses gravures, chez Maes,
éditeur à Bruxelles (1884). 5ᵉ édition . . . . . **25 fr.**

Sceptiques et Jouisseurs, roman, chez Dentu (1885). Vol.
in-18 avec couverture illustrée. (Épuisé).

Contes et Légendes de Provence, chez Flammarion (1896)
1 vol. in-18 . · . . . . **3 fr. 50**

Le Ladies'Club, roman de mœurs contemporaines, chez
Vanier (1897). 4ᵉ édition. 1 vol. in-18. . . . . . **3 fr. 50**

SAINT-AMAND, CHER. — IMPRIMERIE BUSSIÈRE FRÈRES.

CH. DONOS

Verlaine Intime

RÉDIGÉ D'APRÈS

Les documents recueillis sur le Roi des Poètes

Par son ami et éditeur Léon Vanier

Illustré

de gravures et d'autographes d'après des dessins

et manuscrits de PAUL VERLAINE

GRAVÉS PAR CH. DECAUX

PARIS

LIBRAIRIE LÉON VANIER, ÉDITEUR

19, QUAI SAINT-MICHEL, 19

1898

Verlaine Intime

I

O Metz, mon berceau fatidique,
Metz, violée et plus pudique
Et plus pucelle que jamais !
O ville où riait mon enfance
O citadelle sans défense

. . . .

O mère auguste que j'aimais.

Metz aux campagnes magnifiques,
Rivière aux ondes prolifiques,
Coteaux boisés, vignes de feu,
Cathédrale toute en volute,
Où le vent chante sur la flûte,
Et qui lui répond par la Mute,
Cette grosse voix du bon Dieu !
Metz, depuis l'instant exécrable

Où ce Borusse misérable
Sur toi planta son drapeau noir
Et blanc et que sinistre ! telle
Une émouvante hirondelle,
Du moins, ah tu restes fidèle
A notre amour, à notre espoir !

Patiente encor, bonne ville :
On pense à toi. Reste tranquille.
On pense à toi, rien ne se perd.
Ici, des hauts pensers de gloire
Et des revanches de l'histoire
Et des sautes de la victoire,
Médite à l'ombre de Fabert.

Patiente ma bonne ville,
Nous serons mille contre mille
Non plus un contre cent, bientôt !
A l'ombre, où maint éclair se croise,
De Ney, dès lors âpre et narquoise
Forçant la porte Serpenoise,
Nous ne dirons plus, ils sont trop ! »

Vingt ans après l'Année Terrible, Paul Verlaine célébrait en ces vers d'ardent patriotisme Metz, sa ville natale, dont les tenanciers actuels éléveraient plutôt une statue à Bazaine qu'un buste au pauvre Lélian !

Les hasards de la vie de garnison ont placé dans la cité lorraine le berceau du poète. Son père, capitaine adjudant-major du 2ᵉ régiment du génie s'y trouvait, détaché à l'école d'application, en 1844. année où Paul Verlaine vint au monde, le 30 mars.

Le capitaine Nicolas-Auguste Verlaine, homme de très haute taille, « comme on n'en fait plus » engagé volontaire, en 1814, avait conquis vaillamment ses grades sur les champs de bataille d'Espagne et d'Afrique. Chevalier de l'ordre de Saint-Ferdinand d'Espagne, en 1829, il mérita, l'année suivante, le ruban de la Légion d'honneur. Il était originaire du village de Paliseul (Luxembourg belge). Selon toutes probabilités, il fut le premier sujet français de la famille *de* Verlaine, famille ardennaise belge.

Les *Manuscrits généalogiques* de Le Fort, père et fils, hérauts d'armes du pays de Liège, aux XVIIe et XVIIIe siècles retracent, vol. XVIII, page 50, en un chapitre spécial, la généalogie de la famille *de* Verlaine, depuis l'an 1531. Ils mentionnent au nombre des fiefs et seigneuries, possédés par cette noble lignée, le coquet petit village de *Verlaine*, sis près de Longlier, sur la ligne du Luxembourg.

La mère de Paul Verlaine, Julie Elisa Dehée, était née à Arras.

Les plus intimes amis du poète ne le savaient pas si riche de parchemins, de quartiers et d'aïeux. Le moins inconnu de ces derniers semble avoir été le seigneur Charles de Verlaine, natif de Laroche, et *primus* de l'Université de Louvain en 1722.

Nulle part dans ses œuvres imprimées ou inédites, le maître ne se targue de ses nobles ascendants. Il les a sans doute ignorés. Il s'est contenté de devenir par le travail et le génie un glorieux ancêtre pour sa postérité.

Cependant, — serait-ce par atavisme? — le poète a toujours affirmé sa prédilection pour les Ardennes belges. Il s'est complu à les décrire en prose, à les chanter en vers.

De Metz, Verlaine garda « des remembrances infantiles de quand, insoucieux moutard, il poussait
son cerveau novice entre les pantalons, à bandes
rouges, à lisérés noirs des militaires, de nankin, de
casimir ou de coutil des citadins, fumeurs de cigarilles. » — L'Esplanade, aux jours de musique,
avec valses de Strauss, polkas de Musard, mosaïques et fantaisies sur de vieux opéras d'Auber ou
récents alors d'Ambroise Thomas, exerça quelque
temps, sur lui, une attirance magnétique. Il avait
alors cinq ans. Et déjà, il était amoureux !

Elle s'appelait Mathilde : (ce prénom a poursuivi
Paul dans la vie). Elle comptait environ six printemps. Blondinette, aux coques gracieusement tirebouchonnantes sur le front et sur les épaules, elle
laissait voir un délicieux visage au teint rose ardent.

Ses grands yeux bleus, sa bouche fraîche ou brûlante, lorsque, après avoir couru au devant l'un de
l'autre, ils se baisaient cinq à six fois sans reprendre
haleine sur les lèvres et les joues, ses taches de
rousseur même, sortes de mouches ingénues, rares
d'ailleurs, inspiraient des rêves d'amour angélique
au rejeton du capitaine.

On jouait, on se fâchait, on se raccommodait
toujours ; on ne se brouilla jamais.

Les habitués de l'Esplanade de Metz, en 1849,
connaissaient tous ce couple enfantin d'amoureux.
« Paul et Virginie, » disaient, en les montrant, les
lieutenants et les capitaines : « Daphnis et Chloé »

grommelaient indulgemment les officiers supérieurs.
Le colonel Niel, plus tard maréchal, alors à la tête
du régiment du 2ᵉ génie, s'intéressait aux deux ché-
rubins. Il dirigea souvent leurs ébats, les encourageant à brouetter, à bêcher, à construire des forts
dans le sable ; et parfois, témoin des taloches
échangées par les joueurs, il leur imposa son ar-
bitrage, leur dictant des conditions de paix, aussitôt
acceptées, l'échange de deux baisers.

Le souvenir de la mignonne Mathilde hantait
Verlaine, lorsqu'il écrivit en 1892 : « Qu'est-elle
devenue ? Fille d'un magistrat, elle a dû contracter
un beau mariage, avoir un train qu'elle n'a pu
qu'augmenter depuis. Riche, sans doute, mère et
peut-être grand'mère... Pense-t-elle, a-t-elle jamais pensé à son premier amour... que nous di-
rions-nous, si le hasard nous mettait tout à coup
face à face ? — Nous souririons, je le veux gager ! »

Un dessinateur, qui garda l'anonyme sans doute
par excès de modestie, ébaucha le portrait de ce
conquérant de cinq ans. Moins modeste, Paul Verlaine le décrit ainsi dans son volume de notes autobiographiques : *Confessions*, publication du *Fin de
siècle* : « J'y ai les yeux bleus, avec une bouche à la
lèvre supérieure en avant et l'air foncièrement naïf
et bon. »

Une autre amie d'enfance, une compagne de
jeux du poète, fut sa cousine Elisa, orpheline plus
âgée que Paul, et qu'avaient recueillie les parents

de Verlaine. Elle fut, plus tard, la commanditaire désintéressée de son cousin ; elle lui fournit l'argent nécessaire à couvrir les frais de publication de son premier livre de vers : *Poèmes Saturniens*.

Des changements de garnison amenèrent Paul Verlaine de Metz à Montpellier, et le ramenèrent de Montpellier à Metz, dans le bagage paternel. Il semble dans ses écrits avoir gardé des souvenirs imprécis de la cité languedocienne ; il affirme partout son amour de la cité lorraine, et les vagues bribes de réminiscence puériles qui lui restent de Metz lui furent sans cesse plus précieuses, plus

Portrait de P. Verlaine à cinq ans.

chères, a-t-il écrit, que bien de plus sonores et fan-farons rappels de mémoire.

« Je revendique d'autant plus ma qualité de Lorrain et de Messin, que la Lorraine et Metz sont plus malheureuses, plus douloureuses, « répétait-il après 1870-71.

A ce sujet, une page, où Verlaine vieilli évoque les lointains souvenirs gardés de la ville natale. vaut d'être reproduite :

« Et d'abord, la cathédrale de Metz, si bizarre. un peu folle avec son unique tour centrale, brus-quement terminée en une sorte de belvédère, et son affreux portail xviii° siècle, mais ce n'est pas la faute du noble monument. En revanche, la nef ! Je ne sais si les vitraux ont quelque mérite. Ne sont-ils pas modernes, d'un monsieur Maréchal ? Toujours est-il qu'à mes yeux d'enfant leurs cou-leurs parlaient si féériquement... l'Esplanade et la musique, française alors, hélas !... sa terrasse sur la Moselle très large et très en bas, la cathédrale à main droite, le mont Saint-Quentin en face et à gauche... les retraites au soir dans les belles rues larges... la neige qui persistait des semaines et restait des mois, brillante et dure... la rue Haute-pierre et son numéro 2, où je naquis pour mes pé-chés... à venir... la rue aux Ours, si ma mémoire est bonne, où babillait l'école primaire tenue par une demoiselle dont le nom m'échappe, d'où je sor-tis sans savoir lire, enfant « en retard » que j'étais et gâté... l'École d'application d'où, sous nos fenêtres, tous les matins sortait le cortège équestre des futurs officiers d'armes spéciales... les cavalcades du Graouli (j'écris comme j'entendais prononcer) et le monstre en carton qui me faisait peur... le polygone dont les détonations ébranlaient nos vitres et mes jeunes nerfs... la Mute, perçue de loin comme une gigantesque plainte... le couvent des Dames de Sainte-Chrétienne où était élevée une mienne cousine du côté maternel, ma cousine Élisa qui devait mourir quinze ans plus tard, pour mon regret éternel... et tout proche du couvent, le chemin de fer, alors tout neuf, qui mettait une joie mêlée de crainte au passage des trains... enfin, la gare, dont en 1851 nous partions à trois pour Paris, cette Capitale de bonne et de mauvaise aventure. »

Ne vous semble-t-il pas, à la lecture de ces lignes, voir comme un plan de notre Metz d'antan, moucheté de drapeaux indiquant des étapes toujours chères au cœur du narrateur. Ce morceau de prose est comme un croquis, une ébauche de peintre, jetés de *chic*, sans souci de la forme. Il confirme pleinement l'appréciation que Verlaine portait sur lui-même, en affirmant sa vocation pour le dessin et la peinture :

« Les yeux surtout furent chez moi précoces ; je fixais tout, rien ne m'échappait des aspects ; j'étais sans cesse en chasse de formes, de couleurs,

d'ombres. Le jour me fascinait, et bien que je
fusse poltron dans l'obscurité, la nuit m'attirait, une
curiosité m'y poussait, j'y cherchais je ne sais quoi,
du blanc, du gris, des nuances peut-être. C'est sans
doute à ces dispositions que je dus, si devoir il y
avait là ! d'avoir un goût des plus précoces et très
réel pour le gribouillage d'encre et de crayon et le
délayage de laque carminée, de bleu de Prusse et
de gomme gutte sur tous les bouts de papier me
tombant sous la main. Je dessinais d'épileptiques
bonshommes que j'enluminais férocement... Le
tout en deux traits et trois coups de plume, de
crayon et de pinceau... J'ai gardé la manie de noir-
cir les marges de mes manuscrits, le corps de mes
lettres intimes d'illustrations informes que de vils
flatteurs font semblant de trouver drôles. »

Nous devons à cette douce manie du grand poète
les quelques dessins, assurément drôles, disséminés
çà et là dans notre livre. Ces dessins intégralement
dûs au maniaque crayon de Verlaine n'ont été re-
touchés par aucun artiste. Le nom de leur auteur
les gardera, espérons-le, des ironiques et faciles
plaisanteries des critiques d'art. Nous connaissons
bon nombre d'amis ou d'admirateurs du pauvre
Lélian qui conservent, aussi précieusement que des
reliques sacrées, des lambeaux de papier où sara-
bandent des traits de plume ou de crayon de Verlaine, tendant à figurer des bonshommes, de petites
femmes, des objets indéfinissables. Ils ne troque-

raient pas ces autographes contre des dessins origi-
naux de tel ou tel artiste contemporain, membre
de l'Institut.

En 1851, Paul Verlaine, toujours remorqué dans
le bagage paternel, débarquait à Paris, rue des Pe-
tites-Écuries, dans un appartement meublé, d'où,
sitôt arrivé de Metz le mobilier familial, il déménagea pour habiter aux Batignolles, 2, rue Nollet,
alors rue Saint-Louis. Il fut mis, comme externe, à
l'institution W..., dans la rue Hélène, et plus heureux qu'à l'école de Metz, il réussit à apprendre à
lire, à écrire et à acquérir, outre de vagues notions
élémentaires d'histoire et de géographie, la connaissance des quatre règles d'arithmétique.

Le Deux-Décembre et une maladie anodine re-
tardèrent quelque peu ses débuts de potache uni-
versitaire. Puis, un beau matin de 1852, son père le
coffra dans la pension Landry, rue Chaptal, d'où
il suivit les cours du lycée Bonaparte, aujourd'hui
Condorcet.

M, Ed. L***, son condisciple, a sans cesse affirmé
que Verlaine y fut un écolier attentif et assidu, un
lauréat par moment. Mais, dans son volume *Confessions* Paul Verlaine, qui se confesse comme
J.-J. Rousseau ou mieux comme saint Augustin,
avec la sincérité la plus osée, de tous ses vices de
collégien, s'inflige le qualificatif de cancre, et déclare qu'il ne mordait ni aux mathémathiques, ni à
l'histoire et à la géographie, et que seul le latin

avait le don de l'amuser un peu. « En classe de septième, raconte-t-il, nous étions trente-cinq élèves. Marius Sépet était toujours le premier, j'étais le plus souvent le trente-quatrième, jamais le dernier. »

Que M. Marius Sépet me pardonne... J'ignorais hier encore son nom, qu'il illustra sur les bancs de l'école. Pas un lettré du globe n'ignore aujourd'hui le nom de son obscur condisciple d'alors.

La gloire ne prodigue pas toujours ses lauriers aux forts en thème !

Aux bords de la Semoy. — Dessiné par P. Verlaine en 1859.

II

Tous les ans, à l'époque des vacances, les parents de Verlaine conduisaient Paul, en Belgique, visiter une tante paternelle.

Le poète a consigné dans un manuscrit, publié par la *Revue Encyclopédique*, numéro du 1er mai 1895, sous le titre *Croquis de Belgique*, les impressions de cette époque heureuse de sa vie.

La maison d'édition L. Vanier possédant par traité en bonne et due forme la propriété littéraire de ce manuscrit, en autorise ici la reproduction intégrale; je laisse donc Verlaine nous conter lui-

même les souvenirs de sa vie de collégien en vacances :

« Bouillon, en entonnoir, la Semoy noire sur
son lit de cailloux bavards. ses truites qualifiables
vraiment de surnaturelles, et son château, son *burg*
plutôt, taillé en plein granit. parmi les bois sans
fin, croirait-on, ses rampes rapides où dégringo-
laient, versant parfois, les malles-poste venant de
Sedan, prises chez Opsore, sur la place Turenne.
où il y avait un marchand de tabac ayant pour enseigne un tableau représentant un priseur Louis XV,
avec ces vers du *Festin* de Pierre, de Thomas Cor-
neille :

> Qoiqu'en dise Aristote et sa docte cabale,
> Le tabac est divin, il n'est rien qui l'égale,

son collège en contre—bas, et passé le pont unique.
un peu sur une colline, sa caserne aux soldats
jaunes et verts, école de sous-officiers ; enfin, l'hôtel
de la Poste, tenu à cette époque de mon enfance
par le père Cheydron, jusque après la guerre de
1870.

« Dès les premières fois que j'allais en Belgique.
ce qui me frappait c'était d'abord, le très beau paysage en haut du village de la Chapelle, frontière,
consistant surtout en d'admirables prairies naturelles
dans des bois de chênes et de hêtres ; aussi des
étangs d'eau clapotante, sombres à force d'être
clairs, mais si profonds... Puis, la douane belge.

très exigeante en ce temps-là, m'apparaissait sous
la forme un peu terrible : Avez-vous quelque chose
à déclarer ?... C'est de Paris que cela vient ?...
Cela a-t-il été porté sérieusement ?... Elle me semblait aussi très bien vêtue, cuivres rouges et drap
foncé, en comparaison de l'éternel vert et bleu de
nos « gabelous. »

« Et c'était Bouillon, d'un vert de toutes nuances,
en entonnoir, avec un horizon comme céleste de
sapins, de chênes, de hêtres, de frênes et de tous arbres de ces contrées sur les pentes proches de la
toute petite ville, une galopade de jardins paradoxa-
lement poussés et cultivés.

« Sous le château féodal, des poternes ; des murs
de 3 mètres d'épaisseur, des oubliettes redevenues
des gouffres sans but, des ruines de l'espèce de prison pour dettes où se rhumatisaient les officiers
frappés d'opposition de S. M. le Roi des Pays-Bas,
avant la révolution belge de 1830, s'estompait la
jolie église neuve et son fin clocher d'ardoises, où
j'entendis une fois un si divin mois de Marie :

Reine des Cieux
Vous nous rendrez tous heureux,

bien vieux et bien doux cantique où des amateurs
d'origines ont voulu voir l'œuf de la *Marseillaise*...
Un œuf de colombe d'où sort un aigle...

« Le curé, depuis, je crois, grand-vicaire quelque part, avait un beau vieux verger où d'innom-

brables fruits. poires, pommes, raisins, et en été
fraises, cerises. prunes, abricots (en plein vent. je
vous en réponds) étaient très bons et très connus.

La pêche à la ligne, dessin de P. Verlaine.

« Mais les truites !

« Les truites ! que la révérence m'empêche cette
fois de qualifier de divines, mais qu'un respect
attendri non moins que rétrospectif et qu'une reconnaissance, un peu profane peut-être dans le cas,
ne m'empêchera pas, mordieu ! de qualifier de clé-
ricales, les truites de la Semoy, dignifiables même
de saumonées, consommées en toute dilection, en
compagnie des bons collègues de ce bon curé, les
truites de la Semoy !

« Je m'en souviens d'autant plus et d'autant
mieux que quelque chose de cordial se mêle à ces
fumets gastronomiques, quelque chose de cordial.
d'intellectuel aussi et de mieux peut-être encore, j'y
insiste.

« Le frère du curé en question, curé lui-même,
à Paliseul, un village dont il sera parlé bientôt,
m'avait pris en affection, et, pendant les vacances, me
donnait des répétitions de latin, puis de grec. Il
était fort ami de ma famille, et lors de nos passages
à Bouillon, nous manquions rarement de nous arrê
ter au presbytère. A cette occasion, le tant cordial
prêtre invitait quelques-uns de ses confrères, tous
bons convives et fort saintes gens... Parfois, il nous
menait dans son modeste char-à-banc, à quelques
lieues de là, au « château de Carlsbourg, » qui
avait appartenu à ma tante de Paliseul, et que
celle-ci, dès veuve, avait vendu comme infiniment
trop grand pour elle, et son train forcément res-
treint, à la congrégation des frères des Ecoles chré-
tiennes, dits *Frères ignorantins*, braves religieux,
modestes et infatigables instituteurs, qui remplis-
sent le monde entier de leurs bienfaits.

« Ce château, actuellement utilisé comme collège,
a deux tourelles symétriquement disposées en poi-
vrière, aux deux extrémités de la construction
principale. D'immenses jardins, dont une partie
convertie en cours de récréation, entourent cette
seigneuriale demeure, dont j'eusse pu, si l'avaient

permis les destinées, devenir le châtelain !... Au château de Carlsbourg nous attendait une hospitalité sinon princière, du moins large et de tout cœur. La gaîté vraie, quelque malice, ô innocente, toute en esprit et si naïve ! assaisonnaient agréablement au possible les mets plaisants et les vins gais...

« Le Frère supérieur était une figure remarquable entre toutes ces têtes intelligentes et fines dans leur réelle bonhomie d'ecclésiastiques, jeunes pour la plupart ou d'une verte maturité. Lui pouvait avoir la trentaine, était bel homme, et sa large face, toujours rasée de frais, souriait d'aise et de bonne conscience. D'ailleurs, très lettré cet ignorantin, mais trop attaché à notre grande et même sous-grande littérature classique, au point de préférer Buffon à Châteaubriand. Lorsque je commençais, — entre quinze et dix-sept ans — à préférer Hugo à Châteaubriand, et, en secret, à subordonner pour certains cas le premier à Beaudelaire, je pestais un peu contre le cher Frère et ne l'approuvais que d'une inclination, polie mais mal sincère, de la tête, et surtout quand il me recommandait, en fait de bon et sérieux latins, les *Commentaires de César* à moi qui traduisais, en cachette et plus volontiers Catulle et Juvénal, voire même Pétrone.

« N'importe, ce frère ignorantin m'a laissé un bon et sain souvenir de sérénité, de ferme bienveillance, de merveilleuse activité toute au bien, et sa haute taille, son port allègre, ses yeux de bonté et de franc sourire me sont restés, à travers les mauvais jours, comme un rafraîchissant et encourageant exemple de vertu brave et simple comme la foi pratique qui faisait sa force et son calme...

. . . .

. . . .

« L'endroit où demeurait ma tante est à trois lieues de Bouillon, un tout petit chef-lieu de canton, Paliseul, dont le nom appartient également à la guerre de 1870, par l'hospitalité toute « compatriotique » qu'y reçurent les malheureux vaincus des 1, 2 et 3 septembre. Un joli site haut perché, qui corrige l'âpreté un peu des toits trop uniformément en ardoises.

« Bon Dieu ! que j'y ai joué dans le clos de ma tante, et couru, et gambadé, et lutté principalement avec un gamin de mon âge, un futur séminariste, depuis curé quelque part. Bon Dieu ! que je me rappelle donc dans tous ses détails, ce joli village où j'arrivais quand septembre venait, grandi de quelques centimètres, puis d'un, puis d'un demi, puis quelques poils frisant au menton, jusqu'à ce qu'un jour je fusse barbu — croissance jusqu'au bout constatée par un cran au couteau sur l'un des poteaux de la grange — ô grange parfumée des foins il y avait deux et trois mois et de la bonne odeur de l'étable où ruminaient et mugissaient de belles vaches donneuses de quel lait, donc !

« Ma tante, sévère et toute bonté, veuve, sans

enfants, d'un colonel du premier Empire, était or
léaniste, et je vois encore, grande lithographie au
large cadre d'or, la bataille de Valmy avec le duc
de Chartres (*alias* Louis-Philippe Iᵉʳ) en houzard.
par Horace Vernet, dans son salon du rez-de
chaussée. tout velours d'Utrecht et boiseries blan
ches.

« Ma tante mourut dans mes bras, ainsi, peu
après, qu'une autre sœur de mon père, demeurant
dans un hameau tout proche. et je n'eus dès lors.
plus occasion de revoir ce beau pays.

« Mon père était « un bon fusil, » la région très
giboyeuse et de fréquentes parties de chasse, voire
des traques au loup, alors nombreux par là. s'orga
nisaient. J'avais l'habitude, déjà grandelet, de por
ter la carnassière paternelle et d'assister. comme
convive officieux, au dîner de ces messieurs. parmi
lesquels se trouvaient souvent des personnages con
sidérables du pays. Je me souviens même d'avoir
été, chez le bourgmestre de Paliseul, un notaire
allié à des ministres et à des membres des Chambres belges, le commensal, entre autres notabilités,
du prince Pierre Bonaparte. propriétaire d'un domaine voisin appelé les Abyes. Sa tête trop énergique, jeune en ce temps-là, me saisit vraiment et
déjà il avait une réputation farouche... »

(Il m'a plu de rééditer ces lignes de Paul Ver
laine, à double titre. Elles relatent des épisodes intimes de la vie de collégien du poète. et partant ont

leur place marquée dans ce volume, d'autre part,
elles ravivent en moi les souvenirs inoubliés des
châtelains de Framont, — délicieuse résidence
bâtie à quelques portées de fusil du village de Paliseul — qui furent les meilleurs et les plus dévoués
des amis que je me suis créé au cours d'un long
exil volontaire en Belgique).

III

L'homme de lettres, ou mieux le poète, naquit
en Verlaine avec l'âge de la puberté, vers quatorze
ans. Il possédait déjà quelques mauvaises lectures.
Gamiani, l'*Enfer*, de Joseph Prudhomme, l'*Examen
de Flora*, les *Œuvres Secrètes* de Piron l'avaient
distrait de l'étude des livres classiques. Un matin
de sa vie d'élève de troisième, il avait même, ren-
versant les rôles, confisqué au préjudice d'un pion
un exemplaire des *Fleurs du Mal*. Il s'était gavé de
la lecture de ce livre. Et, sous l'influence des
poésies perverses de Baudelaire, comme atteint d'une
impression névrosite, le jeune collégien accorda sa
lyre et composa les trois quarts des pièces de vers,
parues plus tard dans le volume « Poèmes Saturniens. »

Les *Cariatides*, de Théodore de Banville, furent
ensuite un des livres de chevet du rhétoricien. Puis,

son pupitre d'élève de philosophie recéla tour à
tour d'érotiques romans de Paul de Kock, des histoires romanesques d'Alexandre Dumas, des études
physiologiques de Balzac, des récits de voyage et
aussi *Les Misérables* de Victor Hugo.

Lamartine, Musset, Alfred de Vigny restaient encore pour lui des poètes incompris. Il admirait,
sans l'aimer, l'œuvre de Victor Hugo. Ses préfé-
rences allèrent, après Baudelaire et de Banville, aux
Flèches d'or d'Albert Glatigny et à la *Philoméla* de
Catulle Mendès.

Ce surcroît de lectures extra-classiques n'em-
pêcha pas Verlaine d'enlever d'emblée le diplôme
de bachelier. Il le conquit à 17 ans, le 16 août
1862, devant les sévères examinateurs de la Sor-
bonne. M. Mézières, actuellement membre de
l'Académie française et de la Chambres de députés,
l'interrogea pour la partie littéraire, et lui octroya
libéralement une boule blanche. Blanches également furent les boules obtenues par le candidat pour
le latin et pour le grec. Il brilla moins en physique,
si l'on en croit ses dires. A la question à lui posée
par l'examinateur M. Puiseux, de donner la définition de la pompe aspirante et foulante, Verlaine
répondit, à la façon de la Palisse :

« — Monsieur, la pompe foulante est une pompe
qui foule ; la pompe aspirante est une pompe qui
aspire. »

Néanmoins, il fut admis. Muni du *bachot*, ce

« Sésame ouvre-toi » de bien des carrières libérales,
il prit une inscription à l'École de droit, de Paris.
Il assista, — raconte-t-il — à quelques séances plus
ou moins soporifiques de droit français et de droit
romain, tôt délaissées pour des séances plus assi-
dues aux caboulots de la rue Soufflot. (Le caboulot
fut. — on le sait — l'embryon de la brasserie à
femmes de nos jours).

L'étudiant Paul Verlaine jouissait par les siens

Verlaine jaloux des lauriers littéraires....
Dessin de P. Verlaine.

d'une aisance relative; d'autre part, l'indulgence
extrême de sa mère, trop faible contre les caprices
d'un fils unique, le rendait insoumis à la loi du travail. Il passa même alors six mois dans une oisiveté qui lui fut l'occasion de goûter avidement à
toutes les coupes du vice.

Son père, les yeux enfin désillés sur l'inconduite de Paul, mit fin au jet malsain de ses gourmes. Il le contraignit à prendre des leçons de calligraphie, et réussit enfin à le caser en qualité d'expéditionnaire à la Compagnie d'Assurances « l'Aigle. » Il quitta cette place, en 1864, pour devenir expéditionnaire à la « Préfecture de la Seine. »

Une fois bien casé dans ce fromage administratif où l'on s'engraisse aux frais d'une généreuse princesse : la Ville de Paris, Verlaine, jaloux des lauriers littéraires de plusieurs de ses collègues, s'élança dans la voie de la littérature.

C'était l'époque où toute une phalange de jeunes gens, poètes insatiables d'idéal et passionnés de gloire, se groupaient dans le but de publier un recueil collectif de vers, de doter la librairie d'un livre qui fût à la poésie ce que le salon annuel est à la peinture. Louis-Xavier de Ricard, un des membres les plus écoutés de ce groupe, dénomma leur livre « le Parnasse contemporain. » De là le qualificatif de Parnassiens, dont furent qualifiés ces jeunes poètes, par un critique malicieux, fort en dictionnaire et qui avait sans nul doute constaté la signification de ce mot, applicable aux faiseurs de vers médiocres et ridicules.

Ils préféraient, eux, s'affubler de l'épithète d'*Impassibles*. D'ailleurs, l'adjectif importe peu. L'avenir s'est chargé de démentir les ironistes qui se jouèrent sans pitié des débuts de ces jeunes. Le groupe des Parnassiens ou des Impassibles d'antan s'est noblement vengé, en inscrivant en caractères ineffaçables au Livre d'Or de la Littérature française les noms de : François Coppée, de Leconte de l'Isle, de Léon Dierx, de Sully-Prud'homme, de Villiers de l'Isle-Adam, de Glatigny, de J. M. de Hérédia, de Catulle Mendès, de Paul Verlaine, etc. !

Cette liste dit mieux que n'importe quel commentaire, que ce groupe n'était pas une école. Un commun amour de l'art, un même respect des maîtres de la plume, une égale foi en l'avenir, scellaient l'union de ces hommes futurs, bien soucieux de conserver leur indépendance, de développer leur originalité.

Verlaine vint à eux et partant à leur éditeur, Alphonse Lemerre. Il ne tarda pas à devenir un des familiers des soirées fameuses où les jurés du groupe pontifiaient, discourant de la poésie, discutant impassiblement la valeur des œuvres arrachées à l'oubli, mises au jour par le *Parnasse*.

Sa face osseuse, au front très proéminent, ses yeux clairs, yeux inoubliables, verts et gris, sortes de phares qui illuminaient son masque irrégulier, sa maigreur que trahissait le débraillé de la toilette, s'imprégnaient dans la mémoire de ceux qui l'approchaient. Sa voix, tour à tour doucereuse et soudainement emportée, indice d'une nature de sensitive, savait trouver les accents de la persuasion. Sa bonhomie en faisait un compagnon agréable.

malgré le fond anormal de mélancolie neurasthéni-

Paul Verlaine en 1869. — Dessin de Péaron.

que que palliait la gaîté de son rire. On prévoyait

en lui, un poète sinistre. Les férus de chiromancie.
les tireurs d'horoscope, arguant de la date de sa
naissance, disaient : « Ceux qui sont nés sous le
signe de Saturne se complaisent dans les idées lugubres, car ils sont grondeurs. chagrins, mornes.
Ils rient rarement et passent leur vie auprès des
lieux humides et sur le bord des étangs et des
sombres lacs. » — Bref, on plaisantait l'humeur
bizarrement inquiète du jeune poète. Il répondit
en publiant chez Lemerre, en 1866, son premier
livre sous le titre : *Poèmes Saturniens.*

Ce volume, bien nommé. porte l'impression
d'une lecture assidue de Charles Baudelaire ; il y
faut pourtant reconnaître un raffinement d'élégantes
perversités, très personnel. L'esprit y lutte contre
le cœur, contre la nature, de par la volonté ex-
presse de l'auteur.

L'apparition du livre de début du futur Roi des
Poètes fut diversement commentée par les maîtres
de la critique d'alors. Barbey d'Aurevilly ne fut pas
tendre :

« Un Baudelaire puritain, combinaison funèbrement drôla-
tique ; sans le talent net de M. Baudelaire, avec des reflets
de M. Hugo et d'Alfred de Musset, ici et là. Tel est
M. Paul Verlaine. Pas un zeste de plus. Il a dit quelque
part, en parlant de je ne sais qui, — cela, du reste,
n'importe guère :

> . . . . Elle a
> L'inflexion des voix chères qui se sont tues !

quand on écoute M. Verlaine, on désirerait qu'il n'eût jamais d'autre inflexion que celle-là. »

Dure, en vérité, cette critique ; mais injuste, et par conséquent sans valeur.

Portrait de Leconte de Lisle, par Paul Verlaine.

Jules de Goncourt offrait aussitôt au poète des *Poèmes Saturniens* le baume consolateur et voire même guérisseur de ces lignes :

« Merci pour vos vers ! Ils rêvent et ils peignent. Mélancolies d'artistes ciselées par un poète, je les appellerais ainsi, si j'osais les baptiser. Vous avez ce vrai don : la rareté de l'idée et la ligne exquise des mots. Votre pièce sur *la Seine* est un beau poème sinistre, mêlant comme une Morgue à une Notre-Dame. Vous sentez et vous souffrez Paris et votre temps. Vous êtes, Monsieur, dans ce triste moment d'aplatissement littéraire, un brave et un délicat : c'est trop rare à rencontrer pour que je ne vous serre pas cordialement la main, en lecteur bien sympathique et bien touché de votre souvenir. »

Leconte de l'Isle renchérissant sur les éloges de Goncourt, adressait, le 5 novembre 1866, la lettre suivante à Verlaine.

« Vos *Poèmes Saturniens* vous attireront, indubitablement, mon cher ami, la haine et les injures des imbéciles qui ne louent que leurs semblables, non de parti-pris, ce qui supposerait en eux une réflexion quelconque, mais grâce au flair purement animal dont ils sont affligés. Vos *Poèmes* sont d'un vrai poète, d'un artiste très habile déjà et bientôt maître de l'expression. »

A ce jugement flatteur d'un futur académicien poète, que son futur collègue à l'Académie, François Coppée, appelait « l'homme à l'amer sourire, » je dois ajouter celui de Théodore de Banville, un des plus purs ciseleurs de vers du siècle finissant :

« Pardonnez-moi, mon cher Verlaine, si je vous écris si tardivement ! -- écrivait-il le 11 novembre 1866. — J'ai tant souffert toute cette semaine que je suis littéralement brisé. Mais j'avais lu dès le premier jour, j'ai relu dix fois de suite vos poèmes et mon impression est toujours bonne et toujours

meilleure, J'ai été invinciblement empoigné et comme public
et comme artiste. Aussi suis-je certain que vous êtes un
poète et que votre originalité est réelle, car, heureusement,
nous sommes tous assez blasés sur toutes les jongleries possi-
bles pour ne pouvoir être pris que par la poésie vivante...
Parmi vos poèmes, il en est qui me paraissent être de
complets chefs-d'œuvre, d'autres que j'aime beaucoup moins :
mais nulle part, vous ne tombez dans le vague, ni dans le
chic, plus épouvantable encore. Peut-être vous étonnerai-je
en vous disant que : *Jésuitisme*, *Femme et chatte*, et la *Chanson des Ingénues*, trois pièces qui se suivent, sont parmi celles
que je préfère à toutes les autres. Elles sont le produit d'une
composition prodigieusement habile, l'image y est suivie sans
défaillance... Grâce au ciel, je ne suis pas un juge ; je suis
sûr cependant de ne point me tromper en vous disant que
vous tiendrez parmi les poètes contemporains une des places
les plus solides et les meilleures... »

La veille du jour où Verlaine dût savourer le
nectar des lignes élogieuses et prophétiques de
Théodore de Banville, il lut et relut bien des
fois, sans nul doute, la lettre d'un patriarche de la
critique d'alors, du célèbre Sainte-Beuve. Cette
lettre est datée du 10 décembre 1866.

« Monsieur et cher Poète,

« J'ai voulu lire les *Poèmes Saturniens* avant de vous
remercier de leur envoi. Le critique en moi et le poète se
combattent à votre sujet. Du talent, il y en a et je le salue
avant tout. Votre aspiration est élevée, vous ne vous con-
tentez pas de l'inspiration, cette chose fugitive : vous l'avez
dit dans votre épilogue et en paroles qui ne s'oublient pas :

Ce qu'il nous faut à nous, les suprêmes Poètes
Qui vaincrons les Dieux et qui n'y croyons pas, etc.

« Vous avez, comme paysagiste, des croquis et des effets de
nuit tout à fait piquants. Comme tous ceux qui sont dignes
de mâcher le laurier, vous *visez à faire ce qui n'a pas été fait.*
C'est bien. — Et maintenant je vous dirai que je ne puis
admettre certaines césures, comme il y en a aux pages 18, 27,
100 et 108 de votre volume. L'oreille la plus exercée à la
poésie s'y déroute et ne peut s'y reconnaître. Il y a limite à
tout...

   — « J'aime assez le *Dahlia* ; j'aime surtout lorsque vous appli-
quez votre manière grave à des sujets qui l'appellent et qui
la comportent : *César Borgia* et *Philippe II.*

   « Vous n'avez pas à craindre, par endroits, d'être plus
harmonieux et un peu plus agréable, comme aussi un peu
moins noir et moins dur en fait d'émotions. Ne prenons point
ce brave et pauvre Baudelaire comme point de départ, pour
aller encore au-delà...

   . . . .

   « Poursuivez, monsieur et cher Poète, sans vous détourner,
en assouplissant votre manière sans l'amollir, en ne l'affec-
tant pas en elle-même, et pour elle-même, mais en l'étendant
et l'adoptant à de dignes sujets.

Le cadre de mon présent volume ne peut contenir les lettres des notabilités littéraires qui diagnos-
tiquèrent l'avenir glorieux de Verlaine après avoir
ausculté en habiles praticiens les *Poèmes Saturniens.* Elles sont unanimes à constater le talent du
poète, d'aucunes ont foi dans son génie.

En cette année 1866, synchroniquement avec
l'apparition du premier livre de Verlaine, l'éditeur
Lemerre publiait le volume de début de François
Coppée : *Le Reliquaire.* Quel violent contraste
entre ses deux livres, comme d'ailleurs entre les

deux hommes qui néanmoins étaient déjà liés d'une étroite amitié.

Tous deux l'âme enivrée de poésie, ils travaillaient ensemble, apprenant les règles de la versification, après avoir, l'un à l'Hôtel de Ville, l'autre au Ministère de la guerre, accompli leur quotidien et prosaïque labeur de bureaucrates.

Tous deux aussi eurent l'honneur, un tantinet modeste, de compter, dès 1867, au nombre des collaborateurs du journal : le HANNETON, illustré, satirique et littéraire, paraissant le jeudi, dirigé par Louis Ariste, rédigé *en chef* par Victor Azam, en sous-ordre par Valade, Mérat, Eug. Vermersch, Lecomte, Saunière, etc. A eux deux, François Coppée et Paul Verlaine, ils remplirent trois pages sur quatre de ce même *Hanneton*, dans le numéro 1 de la septième année, daté du 2 janvier 1868, par une revue en vers de l'année 1867, intitulée : *Qui veut des merveilles...*

Voici des échantillons des vers de ce poème burlesque, éclos sous des fronts alors vierges de noirs lauriers et de pieux soucis de l'au-delà.

. . . .

. . . .

Au rideau ! Voici les trois coups du régisseur.
Ne demandez pas des nouvelles de leur sœur
A leurs scènes sans buts ni suites.
Les auteurs sont émus ; car c'est leur premier pas.
Mesdames et Messieurs, ne les accablez pas
D'un déluge de pommes cuites.

Après cet exorde, suivi d'un défilé de provin-

ciaux amenés à Paris par un train de plaisir pour
visiter l'Exposition de 1867, les auteurs prennent à
parti l'Anglais, l'inévitable insulaire, et lui attri-
buent ce langage :

Je n'aimais pas du tout ce bizarre façonne
D'exprimer vous ; parlez un langage plus bonne,
Et dites-moi d'abord ce que c'étaient que ces
Créatioures, et comme on les nomme en français :

GAVROCHE

Biches, à votre choix, mylord, crevettes, grues,
Trumeaux, cocottes ou cocodettes. Les rues
Savent leur âge et les omnibus ont avec
Elles plus d'un rapport. — Total : cent sous. — Prix sec.

Bref, — soyons indulgent ! Quel auteur arrivé
aux sommets du Parnasse n'est exposé à retrouver
son nom au bas de pages qualifiées indulgemment
de péchés de jeunesse ?

Dans ce même *Hanneton*, je retrouve en première
page du numéro du 30 janvier 1868, les portraits de
la rédaction par Mailly. Paul Verlaine y montre
dans un angle son profil anguleux, et un demi-
facies attendri, où plane je ne sais quoi de mélancolique, plutôt, hélas ! — on ne le sait que trop —
sur lequel la sirène verte, l'absinthe, imprime les
naissants stigmates de son odieuse séduction.

IV

En 1868, François Coppée n'était pas encore un
grand homme. Son amitié pour Verlaine fut néanmoins un bienfait. Impuissant à guérir entièrement
ce dernier de la passion tenace du caboulot, il réus-
sissait à l'en détourner parfois et à le remorquer
dans des soirées mondaines.

Au sortir d'un café rive-gaucher de la rue de
Fleurus, proche du théâtre « Bobino » où l'on avait
ingurgité force rinçonnettes tout en devisant art et
littérature, Coppée entraînait Verlaine en de nobles
quartiers de la rive droite. Il le présenta chez le
docteur Antoine Cros, rue Royale, sorte de Mécène
chez qui tout un monde ondoyant et divers,
emmêlé d'artistes, de poètes, de diplomates très
décorés et très décoratifs, de sporstmen des mieux
meublants, de rastaquouères où brillait de tout
l'éclat d'une couronne neuve S. M. le roi d'Arau-
canie, se venaient abreuver de punch et rassasier de

petits gâteaux. Louis Forain, le dessinateur aujour-
d'hui célèbre, Henri Cros, l'excellent statuaire et le
cirier sans pair, de Cabaner, le sympathique
compositeur aux théories abracadabrantes, Valade
l'écrivain, mort au seuil de la gloire, Mérat, un
charmant poète, plus tard retiré à la bibliothèque
du Sénat, André Gill, dont le crayon satirique a
immortalisé tant de célébrités du siècle qui se
meurt, le déjà félibre Paul Arène, etc., etc., y
devinrent des amis de Paul Verlaine.

Coppée, toujours serviable se joignit à Mendès et
à José Maria de Hérédia pour présenter aussi le
jeune auteur des *Poèmes Saturniens* au maître
Théodore de Banville.

« Il était impossible, écrivit de lui plus tard Verlaine, de trouver un plus charmant, un plus
brillant causeur, en même temps qu'un hôte aussi
affable, d'une malice douce et sans fiel, véritablement unique. Son visage, qui rappelait celui du
Gille de Watteau, était un aimable et singulier
mélange de bonté presque puérile et de finesse
infinie. Du reste, un parfait gentleman aux gestes
gamins, toujours de bon aloi. Sa voix plutôt haute
filtrait d'entre ses dents un peu serrée, stridente
mais bienveillante. Les épigrammes, les anecdotes,
jusqu'à des confidences tout amicales en sortaient
pour la joie de ses invités du salon de la rue de
Condé, dont les honneurs étaient faits par la fidèle
compagne de sa vie. Un fils de premier lit, main-

tenant un grand artiste, — j'ai nommé Roche-
grosse — s'était vu adopter par Banville en toute
paternité infatigable et dévouée.

« Je me rappellerai toujours ces milieux de
soirées où le Maître déshabillait le tout petit garçon,
le faisait baiser au front par l'assistance et l'allait
coucher ce pendant que nous prenions des gâteaux
et le thé au rhum traditionnel. Banville revenait et
la conversation devenait plus vive sur son invitation :

« — Et maintenant, Messieurs, nous allons
fumer des cigarettes comme un tigre ! — ceci
ponctué d'un index en l'air, geste si gentil, mais
combien contagieux ! — Car tous, du *Parnasse
contemporain*, plus ou moins gosses que nous
sommes au fond, avons conservé cette manière
d'accentuer nos phrases, Mendès, Coppée, votre
serviteur et tant d'autres !

« C'est vers ces heures que l'on voyait Banville
tirer de la poche de son veston de velours une simple
casquette de soie qu'il campait gaminement sur une
tête peu chevelue déjà, comme l'expriment
d'ailleurs ces vers exquis :

> Banville porte un front qui n'a rien de commun :
> A tort il l'accompagne
> De trois crins hérissés avec fureur, comme un
> Savetier de campagne.

« Et les malices, et les bonnes méchancetés de
pétiller en paradoxes éblouissants, sans, je le répète,

aucun fiel au grand jamais. Parfois un violent coup de sonnette suivi de l'apparition de l'immense Glatigny retentissait.

« Le poète des *Flèches d'or* n'était rien moins qu'un dandy. Il me souvient de l'avoir vu dans ces chères réunions, vêtu d'une blouse bleue de roulier, avec aux pieds de purs sabots. Par exemple, en voilà un qui vous l'imitait, ce Banville ! Celui-ci, d'ailleurs, se plaisantait lui-même à cet égard. C'est ainsi qu'un soir les frères Lionnet, en train d'imitations, s'avisèrent — ou mieux s'avisa — de contrefaire les intonations si amusantes de Banville, qui s'écria : « C'est bien... mais ce n'est pas encore ça... » Et, l'excellent hôte de « s'imiter » délicieusement, de se surpasser lui-même, tâche peu facile, en esprit gentil tout plein, bonhomme et divinement farceur.

« Parfois la mère du grand poète honorait ces soirées de sa toute bienveillante et toute gracieuse présence, et c'était vraiment chose admirable quoique bien naturelle de voir la déférence dont Banville l'entourait. »

Un autre salon, celui de la délicieuse et tant pleurée depuis Nina de Callias s'ouvrait à tous battants devant Paul Verlaine. Il y rencontrait Villiers de l'Isle-Adam, Léon Dierx, Stéphane Mallarmé, Henri Rochefort, Emmanuel Chabrier, Charles de Sivry, etc. Choyé en enfant gâté par l'indulgente hôtesse, Verlaine y pérorait à imagi-

nation débridée, tandis que Charles Cros, un frère
du docteur Antoine, chantait tour à tour du Wagner
ou de l'Hervé sur des accompagnements fous,
savamment improvisés, et récitait quelque monologue inédit, naïvement, détestablement même,
mais combien drôlement !

D'autres soirs Verlaine échappé, des hauteurs des
Batignolles, où sa mère, veuve depuis un an,
goûtait déjà les endormeurs conseils des lentes
digestions, grimpait au dernier étage d'une maison
bourgeoise du boulevard des Invalides, et pénétrait
dans un petit appartement tout plein de livres et
d'objets d'art, modestes, mais sélectionnés avec
goût. Le maître de céans était Leconte de Lisle.

« Il était, dès cette époque, — a raconté Verlaine —
accueillant, non sans de très plausibles réserves ; —
mais dès qu'il vous avait admis, vous l'étiez bien.
Sa précieuse cordialité vous dispensait de toute révérence outrée et condescendait à une sorte de cama-
raderie un peu hautaine qui vous mettait à l'aise,
sans trop, toutefois, vous permettre des familiarités.

« C'était un beau causeur ; avec son monocle traditionnel et sa cigarette légendaire, gai tout juste,
enjoué parfois, il portait bien ses cinquante ans
passés. A contempler sa large tête hâlée, ses traits
hardis et réguliers, son grand front obstiné, son
nez droit volontaire, ses lèvres assez fortes, des-
sinées d'une ligne extraordinairement nette et pure,
tout cet ensemble athlétique que confirmait un

regard clair, troublant dès qu'il insistait, on eût dit plutôt un Breton, et un dur Breton, qu'un créole. La voix se tenait dans une note plutôt élevée, mais qui devenait grave dès que la discussion se faisait sérieuse ; seulement si l'ironie s'en mêlait, le *velouté* revenait et l'épigramme n'en était que plus cruelle. Quand il récitait de ses propres vers, une haute émotion faisait vibrer son être superbe, et allait frapper ses auditeurs d'une sympathie irrésistible. »

Chez la marquise de Ricard, la mère très aimable de l'excellent poète languedocien qui fut l'un des fondateurs du *Parnasse Contemporain*, Verlaine fit la connaissance de Catulle Mendès. Il en a tracé le portrait suivant :

« Homme exquis, raffiné sans pair, si simple et si sincère quand on est son intime, avec un grain de gaminerie de haut goût que vous avaient ses vingt-cinq ans, prestigieux de bonne verve et de bonne audace. »

. . . .

. . . .

Durant l'été de 1868, Verlaine et sa mère villégiaient dans les Ardennes belges ; le jeune poète résolut de se rendre à Bruxelles pour y voir Victor Hugo qui, tous les ans, quittait sa maison de Guernesey et se rendait dans cette ville auprès de son fils Charles.

Je reproduis le récit de cette visite d'après le manuscrit de Verlaine : *Croquis de Belgique* :

« Nous arrivâmes à Bruxelles par la petite gare
du Luxembourg, dans un des quartiers les plus
paisibles de la ville et pour cela exquis, tout proche
en outre des Boulevards, qui forment bien avec
ceux de Paris l'antithèse le plus *hugolesque* qu'on
puisse rêver : tout silence, frondaisons sévères, luxe
intime, et profusion de richesse discrète.

« Le fiacre, sur notre indication, nous conduisit
en face de la station du Nord, en la première maison même du faubourg de Saint-Josse-te-noode,
appelée alors *Grand Hôtel Liégeois*, un endroit assez
confortable et assez modeste transformé depuis en
un splendide bar américain.

« Le temps juste de m'habiller, et je bondis
plutôt que je ne courus place des Barricades, chez
Charles Hugo. Cette place n'est pas une merveille ;
elle fleure de la province la moins pittoresque qui
se puisse imaginer et de l'abominable époque archi-
tecturale de la fin du premier Empire. Elle doit
certainement son nom révolutionnaire à quelque
épisode de la guerre de l'indépendance belge.
Quartier d'ailleurs paisible s'il en fut, stucqué,
assez agréablement orné de passablement d'arbres
de promenade, sans commerce, et toute bourgeoisie
aisée. Je sonnai à la porte d'une maison en tout
pareille aux autres de la place, — une place Vin-
timille aux habitations plus basses, blanches avec
des volets blancs. Une bonne m'ouvrit, qui m'apprit
que « Monsieur » n'était pas encore rentré, mais

qu'il ne tarderait pas. En attendant. « Madame » était là.

« Je sollicitai la faveur d'être introduit, faveur que j'obtins. Mille vers de Sainte-Beuve et de Victor Hugo lui-même me bourdonnaient dans la tête au moment de voir la fidèle compagne de qui le dernier de ces deux poètes disait en 1835 :

> C'est elle, la vertu sur ma tête penchée,
> La figure d'albâtre en ma maison cachée.
> L'arbre qui sur la route où je marche à pas lourds,
> Verse des fruits souvent et de l'ombre toujours...

et je me surpris, en pénétrant bien timidement dans le petit salon où m'introduisait la servante, à murmurer en moi-même cette phrase des *Consolations*, ce livre tout à elle :

> Vers trois heures souvent j'aime à vous aller voir.

« Un tout petit salon en effet, abrité de la réverbération violente d'un après-midi torride contre le blanc cruel de la place par des persiennes et de frais rideaux de nuance vert foncé. Mme Hugo, qui s'était à moitié soulevée pour me recevoir, d'un large canapé qu'elle m'invita à partager, était tellement comme voilée dans de ces immenses chapeaux de paille, dont un long élastique, tenu à la main, permettait de rapprocher les bords, selon le vent ou le soleil.

» Très gracieusement, elle m'invita à m'asseoir et

me parla de moi, de mes travaux, de mes projets
(je n'ai pas dit que j'avais, par un mot de la veille
avant mon départ pour Bruxelles, prévenu le Maître
de ma visite, d'où probablement l'invitation de la
servante, sur l'énoncé de mon nom, à entrer et
attendre), m'assura de la grande sympathie de son
mari pour les jeunes littérateurs et pour moi et mes
vers en particulier — ô la politesse ! Puis elle
s'excusa de me recevoir dans toute cette ombre
qu'elle appelait plaisamment *toute cette nuit*, et se
mit à me parler névralgies, maux d'yeux, collyres,
et ainsi de suite, avec une remarquable facilité
d'élocution, et, me sembla-t-il, quelque exaltation
maladive ou tout au moins fébrile.

« Je prenais goût à cette parole animée, en
dehors, et parfois, quand il s'agissait d'art, au-
dessus de l'ordinaire, et j'examinai avec le plus vif
intérêt cette tête ardente, ces pauvres yeux doulou-
reux, mais luisant d'un feu étrange, ces traits à la
foi fins et des plus marqués, le teint d'une Espagnole et la chevelure presque d'une mulâtresse,
avec, comme principale originalité, le front grand
et bombé qui fut une beauté en 1830 et restait sur
cette tête toute de passion comme la marque souve-
raine de l'Intelligence. Cette femme, déjà si intéressante par elle-même, m'apparaissait en quelque
sorte comme la Muse du Romantisme, excusant
jusque dans ses excès — dont elle se rendait aussi
bien compte qu'elle en percevait ou en créait

l'excuse, souvent cruelle — les idées, les opinions,

Delahaye pensant à Victor Hugo, — d'après un croquis
de P. Verlaine.

jusqu'aux erreurs de son génial conjoint ; aussi, un
peu, comme la Consolatrice de l'Exil, l'Inspiratrice,

aux moments de lassitude et de détresse morale du
poète fatigué des luttes le plus souvent écœurantes,
aussi de la politique, comme l'Ame sympathique
de l'âme altière, souvent amère des tristesses de la
vie et de la mort ; épouse, a-t-on dit, souvent douloureuse, mère par deux fois et trois fois et quatre fois éprouvée, combien, hélas ! Grande figure,
émouvante au possible !

« Comme j'en étais là, tout engagé dans une
conversation qui me captivait véritablement, et par
elle-même et par la personnalité de mon interlocu-
trice, la porte s'ouvrit : Victor Hugo parut à mes
yeux, pour la première fois.

« Je connaissais Victor Hugo d'après l'immense
quantité de portraits, lithographies glabres en tou-
pet Louis-Philippe, daguerréotypies en coup de
vent d'un peu après, en saule pleureur du temps
du coup d'État, puis les premières photographies
en barbes poussantes et en cheveux tondus de chez
Pierre Petit. Au moment précis dont je parle, ses
cheveux, à peine raréfiés, plutôt sel que poivre, sa
barbe abondante, plutôt poivre que sel, et sa mous-
tache presque noire encore, le faisaient positivement beau ; c'est, à mon sens, le point culminant de
son *physique* dans le sens un peu vulgaire de ce
mot. Joints à cela, pour la face, de petits yeux restés brillants et devenus malins, des traits réguliers
dont un nez plutôt fort, de bonnes dents, le teint
quelque peu hâlé, peu de rides encore, il portait

bien et très bien ses soixante-cinq ans sonnés. Vêtu
de noir et de large, il tenait à la main un haut-de-
forme de feutre qu'il déposa sur un guéridon, et
sans attendre que sa femme eût fini de me présenter, me tendit la main, et, tandis que Mme Hugo
se retirait après m'avoir prié à dîner pour le soir,
à son tour me fit asseoir à côté de lui, sur le même
canapé où je venais d'avoir une conversation si
inattendue non moins que si topique.

« A vrai dire, j'étais ému. Beaucoup. Dame !
J'étais, comme nous tous, doublement hugolâtre :
1830, le 2 décembre, ces deux dates me hantaient.
Pourtant l'homme de génie commençait à m'impo-
ser plus en Victor Hugo que l'homme politique :
aussi fus-je charmé de son accueil tout littéraire, et
si gentiment littéraire !

« Aussi j'étais ému, mais j'étais préparé. Et cette
communion d'une heure avec la digne compagne
du grand homme, à quelque chose de lui qui était
elle, et sa parole si suggestive avaient sinon
rompu, du moins brisé ma timidité ; ce fut avec
une aise modeste, et, l'avouerai-je, avec une loquacité respectueuse, que je causai avec lui.

« Il me cita de mes vers, — ô sublime et doux
roublard !

« Il flatta ma fierté d'enfant par une controverse
qu'il souffrit paternellement que je soutinsse, à
propos de quoi ? des premiers vers, des premiers
articles que je venais de publier... Entre autres

choses, j'ai retenu ceci : « M. Leconte de Lisle est un poète très remarquable ; mais, je connais Achille, Vénus, Neptune : quant à Achilleus, Aphrodite, Poséidon, serviteur ! et mille autres remarques judicieuses. Pour ce qui concernait l'Im-pas-si-bi-li-té, notre grand mot à nous Parnassiens, il ajouta : « Vous en reviendrez. »

« La conversation plana ensuite sur un monde de choses et je me retirai très tard dans la soirée avec la persuasion chère à mon esprit et à mon cœur, que le Maître était, en outre, avec tous les défauts inhérents et indispensables à un homme digne d'être un homme, un homme exquis et un brave homme au fond.

« Que diable vouliez-vous que je fisse à Bruxelles après cette aubaine ? M'en aller bien vite, emportant la bonne nouvelle, à part moi, que Victor Hugo s'intéressait à moi. »

. . . .

. . . .

Ainsi, Paul Verlaine, en 1868, avait la hantise de la gloire. Il savait échapper aux caboulots du quartier latin, et dépenser des heures utiles à des visites académiques de jeune poète posant sa candidature à la Célébrité?

V

Les lauriers du politicien Victor Hugo empêchè-
rent-ils Verlaine de dormir? — On serait tenté de le croire. Puisque, à
son retour de Bru-xelles, le jeune auteur des *Poèmes Saturniens*, s'en
vint solliciter d'Au-guste Vacquerie
l'hospitalité des co-lonnes du journal
le *Rappel* en faveur d'articles sur... les
réunions électorales tenues au Gymnase
Triat pour défendre la candidature du
vicomte d'Alton-Shee. Mais Verlaine
se brouilla vite avec la prose politique;
il donna surtout au

Auguste Vacquerie. — Desins de
P. Verlaine.

Rappel des *Gazettes rimées*, du goût de la suivante :

> Les petits tambours de l'an Deux,
> Joyeux galopins hasardeux
> Que les balles n'effrayaient guère,
> Gais tapins de la bonne guerre,
>
> . . . .
>
> S'en vont tapant sur la peau d'âne ;
>
> etc.

Sa collaboration à ce journal lui permit de relater longtemps après dans une revue anglaise, *The Senate*, des notes et souvenirs inédits sur Auguste Vacquerie.

« C'était, écrit-il, un homme d'âge moyen, d'un visage chevalin, nez fort, barbe pointue, cheveu rare, long et plat, châtain, aux yeux d'une très grande douceur, mais observateurs et comme matois de normand. Il parlait d'une voix profonde aux inflexions agréables, et son discours, qui n'avait rien de positivement sentencieux, se répandait volontiers en conseils familiers. Il me causa, bien entendu, de mes vers, louant beaucoup, critiquant aussi. En principe, il admettait le *Parnasse contemporain* et les poèmes qui le composaient, pour la plupart ; mais, du même avis que Victor Hugo, il objectait fortement contre ce qu'il appelait de véritables barbarismes, constitués dans bon nombre de poèmes de Leconte de Lisle et de poèmes imités de ce maître par l'orthographe nouvelle des noms des dieux et des héros de la Grèce et de l'Italie antiques. Il protestait aussi contre les tendances à l'Impassibilité de jeunes écrivains, y trouvait une cause de froideur et de stérilité. »

Combien paraîtront rococos, archaïques, à nos lyristes actuels les jugements de Vacquerie, homme d'hier, mort en pleine gloire littéraire ! Les noms qu'il proscrivait comme des barbarismes, reviennent incessamment sous la plume de nos poètes jeunes ou vieux, tous enclins à s'accorder réciproquement dans des revues hospitalières, le privilège du talent, l'auréole même du génie.

L'œil de la police, — dessin de P. Verlaine.

Vacquerie, nul ne l'ignore, poursuivait Napoléon III d'une haine pour le moins aussi forte que celle de l'auteur des *Châtiments.* Impuissant à invectiver par la plume, — la presse étant encore muselée —l'hôte impérial des Tuileries, il ne tarissait pas sur son compte d'historiettes scandaleuses, et insufflait à ses collaborateurs la haineuse rancune qu'il lui gardait.

Au lendemain matin d'une causerie anti-napoléonienne de Vacquerie, où Verlaine, auditeur tacite, s'était fortement abreuvé de pseudos-rafraîchissements, lisez : boissons alcooliques, le jeune poète se sentit la tête lourde et le cœur républicain, si républicain qu'il résolut de tuer l'empereur.

« Plein de mon noir dessein, — raconte-t-il, — je m'acheminai vers les Tuileries ; le hasard me servit ; justement Napoléon III sortait pour une promenade à pied. Je l'assassinai d'abord d'un regard, et... Mais, par bonheur pour lui, le souverain paraissait las et triste. Son visage portait déjà les traces de la maladie qui devait le tuer. Aussitôt dans mon âme le poète intercéda auprès du sanguinaire républicain. Je fis grâce au tyran, et m'éloignai.

« D'ailleurs, l'œil de la police veillait. »

(Mon rôle de biographe me contraint de citer cette anecdote, souvent rééditée dans la presse, du vivant même de Verlaine. Elle me paraît avoir été forgée de toutes pièces et sur le tard de la vie par celui-ci, jaloux d'opposer à la retentissante aventure du « beau geste », de Laurent Tailhade, le récit imaginaire d'un geste plus beau.)

Vacquerie n'inoculait pas seul chez Verlaine le

virus anti-bonapartiste. Un autre journaliste, un de ses plus chers compagnons de bohême, Eugène Vermesch, servait dans ce rôle de doublure au directeur du *Rappel*. Bien des fois, la voûte basse et hâlée du « petit café de la rue de Fleurus, proche du théâtre de Bobino » retentit de l'apologie du crime politique.

« Souvent, un gros et grand garçon, à peine sorti de la prime adolescence, l'air... un peu casseur — écrivit Verlaine — très tumultueux et souvent trop présomptueux pour son âge et pour son talent, participait à nos agapes de bière, de rhum à l'eau, d'absinthe... C'était Victor Noir... ce gamin tragique et historique de la fin de l'Empire. »

Mais, le fanatisme politique ne devait jamais enhardir Verlaine jusqu'à l'assassinat, pas plus d'ailleurs que la galère politique ne le devait porter à la célébrité. Qu'eût-il fait, du reste, dans ce bateau, où seuls ne sombrent pas les audacieux, lui le *poor Lelian*, être purement sensitif et naïf malgré tout, incessant jouet du rêve, sans énergie, ni persévérance, esclave de passions funestes, incapable d'opposer une haute sérénité aux misères grandes ou petites de la vie ?

Un vice qu'il a lui-même en ses heures lucides qualifié d'impardonnable : la manie, la fureur de lever le coude, au cabaret, le maintenait dans un état d'excitation nerveuse, tendait les fibres de son cerveau comme autant de cordes de violon. La moindre impression de la pensée exerçait sur cet instrument les fonctions d'un archet. Il en jaillissait des notes, tour à tour fines, délicates, poignantes, suivant les émotions momentanées de l'âme. Et ces notes exprimées par des mots, choisis parfois plutôt en raison de la valeur harmonique que du sens étymologique, composèrent une poésie nouvelle, plus proche de la musique que de la classique poésie d'antan.

Les plumes d'oie des critiques inféodés aux traditions de l'Ecole normale supérieure s'effilèrent, et, grinçantes, éclaboussèrent d'un peu d'encre ironique le second volume de poésies de Paul Verlaine, paru en 1869, sous le titre : *Fêtes Galantes.*

De mignons péchés de lèse-prosodie, volontairement commis par l'auteur de ce volume, suscitèrent le courroux de quelques normaliens. Ils menacèrent le nouveau livre, à défaut de l'auto-da-fé, ces foudres de l'excommunication littéraire, des flammes vengeresses du « four littéraire ».

Par un juste retour des choses d'ici-bas, le four a dévoré, réduit en cendres, annihilé les pages des critiques, et le livre : les *Fêtes Galantes* est resté, épandant des charmes d'idylle chers aux jeunes lettrés de nos temps, inspirant à l'un des maîtres les plus séduisants de la gravure sur bois de délicieuses pages artistiques. (Je fais ici allusion à l'édition illustrée des *Fêtes Galantes* que prépare la société du *Livre Illustré*).

D'heureuses réminiscences — je n'écris pas re-
constitutions — du XVIIIᵉ siècle, agrémentent ce volume, où s'entrecroisent en des va-et-vient successifs.
se réunissent, se séparent les folles et les fous
d'autrefois, les premiers rôles de la Comédie ita-
lienne, Pierrot gourmand, Colombine pirouettante.
Cassandre trompé, Arlequin toujours errant et toujours séduisant. des Clitandres à madrigaux et des
Amintes en falbalas. Les adorables fadaises. les
compliments quintessenciés, les billets doux
qu'échangent entre eux ces êtres insoucieux, le
théâtre de leurs ébats, sorte de parc Watteau où le
poète les fait mouvoir, les costumes de satin aux
couleurs claires dont il les vêtit, l'atmosphère d'indifférence. de scepticisme qui les enveloppe, déno-
tent chez Verlaine la possession de notions exactes
sur la société frivole et libertine du siècle dernier.

Il se dégage même de la lecture des *Fêtes Galantes*. une philosophie que ne peuvent désavouer
les moralistes les plus sévères.

> Tout en chantant sur le mode mineur
> L'amour vainqueur et la vie opportune,
> Ils n'ont pas l'air de croire à leur bonheur...

écrit le poète, au sujet de héros, dont le plaisir est
l'unique règle. Ainsi l'habitué du *café* de la rue de
Fleurus et d'autres lieux décrits complaisamment
dans ses *Confessions*. constate qu'en ce temps

> De baisers superficiels
> Et de sentiments à fleurs d'âme,

derrière le clinquant séduisant des satisfactions matérielles s'estompe hâtivement le spectre désenchan-
teur de la satiété.

Victor Hugo remercia Verlaine par la lettre ci-dessous de l'envoi d'un exemplaire des *Fêtes Galantes*.

« Hauteville House, 16 avril 1869.

« Nul n'est poète s'il ne l'est sous les deux espèces qui
sont la Force et la Grâce.

« Je me suis toujours figuré que c'était le sens de l'antique
Double-Mont. Vous êtes digne, mon jeune confrère, de voler
d'une cime à l'autre. Après les *Fêtes Galantes*, livre charmant,
vous nous donnerez les *Vaincus*, livre robuste.

« On peut tout attendre de votre noble esprit, l'émotion, les
larmes, la sympathie, c'est là qu'arrivera, après tant de
pages excellemment poétiques, votre jeune et fier talent. Être
inspiré, c'est beau, être ému, c'est grand.

« Vous savez qu'à Bruxelles je vous disais cette bonne aventure et je vous annonçais cet avenir.

« Vous êtes un des premiers, un des plus puissants, un des
plus charmants dans cette nouvelle légion sacrée des poètes
que je salue et que j'aime, moi le vieux pensif des solitudes.

« Que de choses délicates et ingénieuses dans ce joli petit
livre les *Fêtes Galantes*! Les coquillages! quel bijou que le
dernier vers! Je vous envoie tous mes vœux de succès et mon
plus cordial shake-hand. »

Certes, Victor Hugo avait la plume facile, et se
montrait prodigue d'autographes ; mais rares sont
les jeunes à qui il prodigua pareils éloges.

Verlaine avait mis beaucoup de son moi, déjà
déçu par le vide d'une existence irrégulière, dans
ce livre. Il ressentait toute la pernicieuse lassitude qui

succède aux orgiaques débauches, et son âme es-
sayait en vain de l'arracher aux serres impitoyables
de l'atroce sorcière verte, qu'un imbécile, — a-t-il
écrit — a magnifiée en fée.

Elle lui jouait des farces détestables, cette absinthe, sa tyrannique maîtresse d'alors. Un matin
même de 1869, — raconte-t-il dans ses *Confessions*
— rentré au petit jour dans l'appartement des Batignolles, où il continuait de vivre avec sa mère, il
dormait encore à poings fermés, lorsque vers neuf
heures, heure du quotidien départ pour le bureau,
sa mère entra dans la chambre pour le réveiller.
Elle poussa une grande exclamation, suivie d'un
éclat de rire involontaire.

— Pour Dieu, Paul, comme te voilà ! Tu t'es
au moins encore grisé hier au soir.

Encore blessa Verlaine. La vérité offense, parfois.
Il répondit d'un ton de rogomme.

— Pourquoi me dire « encore » ? — je ne me
grise jamais...., etc.

Mme Verlaine écouta, sans interrompre, les mauvaises raisons qu'alléguait son fils. Elle se con-
tenta d'aller décrocher le miroir à barbe de Paul,
qui pendait à l'espagnolette d'une des fenêtres, et
s'en vint le lui placer sous les yeux.

Verlaine avait couché avec son chapeau haut-de-
forme, en guise de bonnet de nuit !

Fortuitement, une jeune femme atténua soudain,
pour un laps de temps trop court, le penchant fatal

du poète pour la verte boisson. L'amour, mais un amour aux ambitions pures et légitimes, s'éveilla dans son cœur.

Verlaine a dessiné de sa plume de prosateur, dans le volume intitulé *Mémoires d'un veuf*, un joli portrait de cette personne.

« Elle sera petite, mince avec une crainte d'embonpoint, presque simple en sa toilette, un peu coquette seulement, mais très peu. Je la vois toujours en gris et en vert, vert tendre et gris sombre à cause de ses cheveux indécis, plutôt foncés dans le châtain clair, et de ses yeux dont on ne saurait dire la couleur ni deviner l'instinct. Bonne peut-être, bien que vraisemblablement vindicative et susceptible de rancunes irrémédiables. — Des mains toutes petites, un tout petit front que le baiser peut saluer vite pour passer à d'autres choses. A la tempe une fleur bleue de veines faciles à gonfler par les colères préméditées pour des causes pardonnables après tout. Enfin une femme digne de nous, tempétueuse sous l'orage comme la mer, mais douce et berceuse comme elle aussi, énergique et méritant qu'on lutte avec elle de câlineries et de courroux. »

Le modèle vivant de ce portrait fidèle était Mlle Mathilde Mauté, sœur utérine d'un excellent ami de Verlaine, le compositeur de talent Charles de Sivry, et qui avait accueilli Verlaine par ces mots :

— J'aime beaucoup les poètes, Monsieur. Mon frère m'a souvent parlé de vous et même m'a fait lire de vos vers, qui sont peut-être trop... forts pour moi, mais qui me plaisent tout de même bien.

L'ambroisie des paroles de Mlle Mathilde Mauté parut si délicieuse à Verlaine qu'il en trouva l'absinthe exécrable et s'en sevra pendant plusieurs mois. Sous l'inspiration de la jeune fille entrevue dans la gloire de sa mystérieuse candeur, le poète réaccorda sa lyre, composa, en partie à Paris, en partie à Arras, où il était allé passer ses vacances, les poésies parues en l'an 1870, dans le volume : *La Bonne Chanson*. Il avait demandé la main de Mlle Mathilde ; et Charles de Sivry, heureux et fier de resserrer par cette union les liens d'amitié qui les unissaient, s'était fait une joie de la lui accorder.

La *Bonne Chanson* nous révèle un Verlaine différent de l'auteur des *Fêtes Galantes* et des *Poèmes Saturniens.* Le doute, la désespérance n'ombrent pas cette idylle. L'amour régénérateur, s'est installé dans le cœur du poète et l'emplit. L'histoire simple et suave de la jeune fille rencontrée et aimée, ardemment désirée comme épouse se déroule, sans incidents dramatiques, sans péripéties savamment amenées. L'unique passage assombri par des pensers mélancoliques a trait à la séparation imposée aux fiancés par des déplacements réciproques. A la lueur enchanteresse du rêve, on entrevoit de calmes intérieurs familiaux, susceptibles de susciter à des célibataires endurcis le goût du mariage. Paris, mais un Paris peu bruyant, sert de cadre à ces tableaux, où le plus souvent, se détache en relief, comme une évocation obsédante, l'image de la fiancée.

L'auteur a suivi sans résistance les sentiments tendres de son âme ; il l'a laissée chanter, exprimer en des mots exquis les émotions successivement éprouvées. La vanité du passé s'y affirme ; de bonnes résolutions, comme celles qui pavent l'enfer, y sont prises. On y entrevoit une sage philosophie : l'idéal du bonheur réside dans l'accomplissement du devoir.

Selon l'expression même de Victor Hugo, la *Bonne chanson* fut « une fleur dans un obus. » Elle éclosait à l'aurore sanglante de la guerre de 1870-71 ; l'heure était au canon, aux épopées tragiques, et non à la poésie.

Le maître Leconte de l'Isle, à qui Verlaine adressa en hommage un exemplaire de ce livre, lui écrivit au 9 août 1870, ces quelques lignes :

« Mon cher ami,

« J'ai reçu la *Bonne Chanson* et je vous remercie bien cordialement de votre aimable souvenir. Vos vers sont charmants ; ils respirent le repos heureux de l'esprit et la plénitude tranquille du cœur.

« Recevez mes meilleures félicitations.

« Voici que la pauvre Poésie est bien malade ; et pour longtemps nous sommes ici dans une inquiétude effroyable des événements. Si la bataille qui doit se livrer à l'entrée des Vosges est perdue, les Prussiens seront à Paris dans huit jours.

« Tout le pays où nous sommes est consterné ; on ne rencontre sur les chemins que des gens qui pleurent à chaudes
larmes.

« Quel désastre, quelle misère !

A bientôt, mon ami ; si toutefois vous n'êtes pas envoyé
à la frontière.

« Tout à vous

« LECONTE DE LISLE. »

Portrait de Leconte de Lisle, — dessin de P. Verlaine.

VI

Verlaine n'alla pas combattre à la frontière.

Bien avant la date de la déclaration de guerre, son contrat de mariage avec Mlle Mathilde Mauté était passé. Il mentionne comme clauses intéressantes que le futur époux apporte une dot de 20 000 francs, la future 4 206 francs, et un titre de 5o, fr., de rente 3 %, — le linge et les meubles du ménage y sont évalués à 5 794 francs.

Le décret d'août 1870, promulgé par l'Impératrice-régente et appelant sous les drapeaux les hommes non-mariés des classes 1844, 1845 hâta la célébration de ce mariage.

Les quatre témoins des mariés comprenaient un médecin-major de l'armée, vieil ami de la famille Verlaine, un savant, membre de l'Institut, le poète Léon Valade, et M. Paul Foucher, beau-frère de Victor Hugo. M. Camille Pelletan, alors bon camarade

de Verlaine était au nombre des invités. A l'église
Notre-Dame de Clignancourt, où fut célébré le
mariage religieux, on constata la présence de
Mlle Louise Michel qui, vivant alors du produit
de leçons données en ville, avait compté Mme Paul
Verlaine au nombre de ses élèves.

La « lune de miel » des nouveaux conjoints fut
assombrie par les désastres qui endeuillaient la patrie française.

Verlaine, en bon patriote, refusa de bénéficier de
l'exemption du service militaire que son emploi à
la Préfecture de la Seine lui eût valu. Il se fit inscrire, en septembre, dans la garde Nationale de marche, au 160e bataillon, secteur de la Râpée-Bercy.
Dès lors, le Bureau et le Rempart alternèrent plus ou
moins agréablement dans sa vie. La journée au bureau
était compensée par une bonne nuit, dans la chambre
conjugale ; la journée au rempart imposait de noc-
tambulesques factions, des veilles soldatesques où la
pipe, le gros bleu, de fatidiques parties de bouchon,
l'échange de propos grivois, etc., rendaient plus
pénible la séparation d'avec la femme aimée.

Cependant il advint, après une nuit de décembre,
au rempart, que Verlaine regagna plus tard qu'à
l'ordinaire son logis. La nuit avait été glaciale, et
le garde national avait combattu le froid en absor-
bant force boissons capiteuses. Mme Verlaine éclate
en reproches ; Monsieur se fâche tout rouge. Première scène.

Le lendemain, à la rentrée du Bureau, Monsieur ne trouva plus Madame au domicile conjugal. Elle s'était réfugiée chez ses parents. L'époux l'y poursuivit. L'harmonie triompha du désaccord, mais combien éphémèrement ! Le même soir, après un dîner en tête-à-tête, composé d'un morceau de cheval sauté aux champignons de conserve, une seconde scène. Le garde national, déjà par trop rompu aux mœurs des habitués des *fortifs*, administrait en guise de dernier argument, une première claque à sa moitié.

Dans le ciel des jeunes époux, la lune de miel s'éclipsa totalement.

En ce fatal mois de décembre 1870, Verlaine perdit tous droits à la légendaire épitaphe : « Il fut bon mari, et bon garde national ». Ne s'avisa-t-il pas un matin d'oublier le Rempart au profit du Bureau ? On lui *colla* deux jours de salle de police. Et sa femme attendrie, soudain redevenue clémente, désireuse d'adoucir les tristesses d'une incarcération méritée, lui remit au moment du départ pour le *clou*, (poste qui s'élevait à l'endroit occupé par les bâtiments de l'école municipale, avenue d'Orléans) une terrine de pâté, confectionnée par elle.

De retour dans ses pénates, Verlaine, après l'échange des baisers, interrogé sur la saveur du mets, se hâtait de répondre :

— Délicieux ! comme c'est gentil à toi de m'avoir...

— Oui, l'interrompit-elle, j'avais toujours entendu dire que le rat était une viande des plus friandes.

Des rhumes, des bronchites, des œufs à couver des microbes du rhumatisme furent les seuls trophées conquis par le garde national Paul Verlaine, sur les remparts de Paris. Ils lui valurent d'être renvoyé dans ses foyers, avant la fin de la guerre.

Ses foyers consistaient en un joli appartement s'ouvrant sur les quais de la Seine, et possédant un balcon mitoyen avec celui de Mme Clément, femme du célèbre commissaire aux délégations judiciaires, qui procéda tour à tour, sous l'Empire et sous la République, aux arrestations ordonnées, avec la passivité et la ponctualité qu'apporte le bourreau dans l'accomplissement des basses-œuvres.

A lire la prose de Verlaine, ses foyers, en dépit de leur joliesse, ressemblèrent furieusement à un enfer dantesque. Toute gaîté, tout espoir de vie calme et heureuse, en furent chassés, dès les premiers jours du retour. Motif avoué : l'incompatibilité d'humeur des époux.

« La Commune, elle-même, dans ses suprêmes horreurs, me tira pour un temps trop court, de cet infernale existence ! a osé écrire Verlaine.

« Le 18 mars 1871 ! Oh ! ce 18 mars ! ajoute-t-il dans un article autobiographique. Ce jour-là, nous, toute la littérature, ou peu s'en faut d'alors, tout l'art, nous suivions le corbillard de Charles Hugo, son père en tête, bien accablé. Le cortège attendait à la gare d'Orléans, très nombreux. très mêlé aussi. Après que pour ma part, j'eus présenté mes hommages de condoléance au bon vieux Maître, qui, me baisa de sa barbe déjà blanche et si douce! nous nous mîmes en marche par un temps bis, qui avait été superbe dès l'aube.

J'étais à côté d'Edmond de Goncourt, encore tout meurtri de la mort de son frère, mais néanmoins littéraire, en diable. Témoin ce dialogue entre lui et moi qui admirais les belles barricades se dressant et d'où sortaient de naïfs gardes nationaux tambours battant, clairons sonnant.

Moi. — Ne trouvez-vous pas gentil ce peuple énervé par ce siège prussien, et qui, ne comprenant rien à la poésie de Victor Hugo, mais le croyant son ami, fait à son fils de si touchantes funérailles ?

Lui. — M. Thiers est un bien mauvais écrivain, bien mauvais, bien mauvais ; mais je doute fort que ces gens-là travaillent mieux que lui, en politique — et du moins il représente l'ordre.

« Le respect pour l'âge et le talent m'interdisaient de rétorquer l'argument juste, mais mal sentimental. Donc, je grommelai un peu, puis me tus. Le cortège arriva péniblement, grâce à l'empressement des braves ouvriers déguisés en soldats bourgeois qui escortaient le mort, mais arriva enfin au Père-Lachaise, où des discours — trop ! — fu-

rent prononcés, à travers les peurs des purs répu-
blicains, déplorant la mort des généraux : Lecomte

Un dictateur, — dessin de P. Verlaine.

et Clément Thomas, et la victoire définitive de la *Réaction*.

« Une scène affreuse se passa. Le caveau patrimonial était trop étroit d'entrée pour le cercueil du pénultième descendant ; des pioches procédèrent, avec un bruit retentissant aux cœurs de nous tous, non sans pitié pour le grand poète, à quelque élargissement...

Au dehors, la scène s'était foncée, comme froncée en une vague colère. On en voulait aux « curés », — aussi, aux infortunés capitulards de généraux. L'air s'emplissait de cris de *Vive la Commune*.

« Dès le matin, des affiches blanches, émanant du Comité Central de la Garde Nationale avaient averti la population parisienne de la victoire de la *Vraie démocratie...*, on lisait dans ces proclamations des choses véritablement raisonnables à côté d'insanités presque réjouissantes. Pour mon compte, je fus emballé, tout jeune que j'étais pour ainsi dire encore et frais émoulu, entre des poèmes parnassiens, des réunions publiques. Et puis, c'était franc, « nullement logomachique » et d'une langue très suffisante dans l'espèce. Bref, j'approuvai du fond de mes lectures révolutionnaires plutôt hébertistes et proud'honiennes, cette révolution tenant de Chaumette, de Babœuf et de Blanqui. Et puis, quelle réhabilitation de la garde nationale enfin sérieuse et redoutable, après Daumier et tant de vaudevilles Louis-Philippe et faux-toupet !

« Après l'enterrement du pauvre Charles Hugo, les barricades, ébauchées le matin, devenaient formidables, s'armaient de canons, de mitrailleuses, se hérissaient de baïonnettes au bout de fusils chargés. Les passants chuchotaient des paroles d'alarme et filaient vite... Les boutiques se fermaient et maints cafés n'étaient qu'entrebâillés. Ça sentait la poudre et ça fleurait du sang. En même temps des incidents comiques se produisaient.

« Pour ma part, j'assistais, non pas certes à la frousse, mais à l'indignation un peu puérile d'un de mes bons amis, poète de plus grand mérite. A propos du meurtre, des généraux, ce ne fut pas une fois, ni deux, ni cinquante, mais cent fois qu'il me répéta — alors que moi je trouvais tout ça, même la fusillade de Montmartre (*horresco referens*) très bien : « mais c'est affreux ! mais c'est l'affaire Bréa, mais..., mais... »

Décidément, il faut beaucoup pardonner à ce pauvre Verlaine. Son adhésion à la Commune fut plutôt la résultante de son amitié pour Raoul Rigault, ancien condisciple à la pension Landry, Eugène Vermesch, et Jules Andrieu, son collègue à la Préfecture de la Seine, que celle de ses convictions politiques. On lui octroya la placide sinécure de « directeur du bureau de la presse ». Ses occupations consistaient à parcourir les journaux et à en signaler les articles favorables ou hostiles à la Commune.

Le *Journal des Goncourt*, tome IV, page 288, consacre un écho au chef du bureau de la Presse, de la Commune : « Verlaine nous confesse une chose incroyable. Il déclare qu'il a dû combattre et empêcher une proposition qui voulait se produire ; une proposition demandant la destruction de Notre-Dame de Paris ! »

Cette intervention est à l'honneur du poète communard, qui devait encore plusieurs années après le triste chapitre de l'histoire de Paris en 1871, écrire dans un de ses livres de prose : « Je me reproche le rôle assez sot que j'ai joué là, pendant deux mois d'illusions. »

Lors de l'entrée dans Paris des troupes de Versailles, Verlaine recueillit dans son appartement, alors rue du cardinal Lemoine, deux gardes nationaux, MM. Edmond Lepelletier, et Emile Richard, — « noirs de poussière et de poudre, qui sortaient d'une barricade toute voisine. » Ils lui demandèrent asile. Le soir de cette journée de triomphe pour la cause de l'Ordre, les amis de Verlaine purent regagner sains et saufs leurs domiciles.

« Toutefois une petite aventure arriva à Lepelletier, qui, s'étant engagé pour la durée de la guerre, avait vaillamment fait toute la campagne de Paris, depuis la retraite de Mézières, et qui, à ma porte, rencontra des soldats de son régiment conduits par un sergent qu'il connaissait pour avoir bu avec lui à la cantine, et avec qui il but, cette fois, à la cause

de l'Ordre X. de D ! » —*Extrait* du vol. *Confessions*
de Verlaine, page 245, édition du *Fin de siècle*.

La réconciliation sur le terrain honore toujours
les adversaires. D'autre part, Thiers a dit : les imbéciles seuls ne changent pas d'opinions.

Verlaine aux champs. Dessin de M. E. Delahaye.

VII

Dans une série de lettres adressées par Paul Verlaine à son ami M. Emile Blémont et parues dans le numéro du 1ᵉʳ février 1896, de la *Revue du Nord* nous retrouvons l'emploi du temps du poète au cours de ses vacances de l'an 1871.

A la date du 1ᵉʳ juillet, il écrit qu'il est logé à Fampoux, (Pas-de-Calais), avec sa femme heureusement remise de ses fatigues, chez un de ses oncles du côté maternel, M. Julien Dehée. Il se félicite d'habiter une localité paisible et riche, au sortir de l'infernal hiver passé à Paris, et d'assister aux reposants travaux des champs.

Le 13 juillet, seconde lettre, où il félicite son correspondant à l'occasion de l'annonce de son très prochain mariage, et où il se lamente sur le départ prématuré des hirondelles, chassées par le froid de la campagne de Fampoux.

Le 22 juillet, Verlaine renouvelle à M. Émile Blémont ses meilleurs vœux et ses plus affectueux souhaits.

Huit jours après, le poète date une quatrième lettre au même, de Lécluse, par Arleux-le-Grand, où il a « transporté ses lares chez un sien cousin, qui gagne par an la bagatelle de 60 000 francs en moyenne, dans la très benoîte, précellente et butireuse industrie qui consiste à prendre une betterave et à en faire un morceau de sucre de canne.

— « Notre fenêtre, écrit-il, — donne sur une grande cour, au milieu de laquelle s'élève une colonne Vendôme, moins prétentieuse que la défunte et qui, plus utile, se contente de l'humble nom de cheminée. Puis viennent des toits de brique percés de mille tuyaux plus bizarres les uns que les autres, puis des cuves, puis des cuves encore et toujours des cuves. Et si vous aimez la mélasse, on en a mis partout et encore ailleurs.

« Cet ensemble industriel à l'excès, est heureusement compensé par le voisinage d'un petit bois charmant qui fourmille de fraises, de noisettes et de points de vues. De plus mon cousin possède un jardin *very confortable*, où les poiriers en chandelles, les pêchers en espaliers et les vignes en arceaux encadrent très pompeusement d'admirables roses et d'énormes lys. — Fumer là deux pipes, après dîner (midi), boire sept à huit chopes au cabaret (4 h. à 5 h.) et voir tomber la nuit dans le bois, en lisant quelque livre bien calmant, telle est ma nouvelle vie qui diffère de celle de là-bas. Nous comptons retourner sous très peu dans Fampoux. »

Verlaine continue cette intéressante missive en demandant à son ami de lui donner des nouvelles des trois Cros, de l'unique Cabaner, de transmettre ses compliments affectueux à l'éditeur Lemerre, une poignée de main à Régamey, une accolade au grand Albert Mérat.

« Y a-t-il une publication nouvelle ? J'entends littéraire, — ajoutait-il en terminant. — Je dévore ici la *Révolution* de Quinet, la *Fédération* de Proudhon, et les *Mémoires d'Outre-Tombe*, par le nommé Chateaubriand. »

Le 12 août 1871, Verlaine mandait de Fampoux une autre lettre à M. Émile Blémont.

« J'ai appris avec plaisir la résurrection des *Vilains Bonshommes* (eh bien ! j'en suis ! ») et de la morue mératienne. Le local est-il toujours le même, et les journaux bien pensants ont-ils trompetté la bonne nouvelle ? A-t-on dit des

verses au dessert, et le comptable Maître est-il toujours la
perle des teneurs de livres ? — Puisque nous parlons de ce
Prussien, dites-lui donc, ça le fera rire, que sans l'armistice,
et si la guerre avait continué, Arras, Douai et Valenciennes,
villes fortes à double enceinte, eussent été cernées, bloquées,
bombardées et réduites en deux jours au plus.

> O grande puissance
> De l'art de Vauban ! »

« Et n'oubliez pas d'ajouter que Van Goeben, lequel opé-
rait contre Faidherbe, avait été jadis attaché à titre d'auxi-
liaire étranger à l'état-major de ce dernier en Algérie. Du
reste, cette guerre est une source d'hilarances, une fontaine
jaillissante de joie et de gaîté, pour les étrangers.

L'arrivée de P. Malassis * à Paris n'est point une calamité.
La concurrence qui va s'en suivre, ne peut que nous pro-

* M. Poulet-Malassis, dont j'aurais dû parler dès le premier chapitre de cet ouvrage fut en réalité le premier éditeur de Paul Verlaine. Établi à Bruxelles, faubourg d'Ixelles
en 1867, il consentit à publier un volume de sonnets, exces-
sivement... légers, — pour ne pas écrire porno... — dûs à
la plume du jeune collaborateur du *Hanneton*. Ce volume
porte le titre *Les Amies*, et il est attribué à un imaginaire
« licencié Pablo de Herlagnez ». Je copie textuellement les
deux lettres que M. Poulet-Malassis adressa à Verlaine à
l'occasion de cette publication clandestine.

> Bruxelles, 9 octobre 1867.

« Monsieur,

« En effet, je suis devenu, sur la proposition de M. Coppée, le parrain des *Amies*. Elles seront à la fois mes com-
mères et mes fillenles. Me voilà bien équipé en folles créatures.

« Elles sont présentement sur les fonts typographiques.
J'imagine que la cérémonie se parachèvera à la fin du mois.

filer..., en égards pour le moins, et qui sait si pour nous retenir, ces frères ennemis (les éditeurs L. et P. M.) ne s'en

Il y aura des dragées, et vous pouvez compter sur le nombre de pâtés que vous souhaitez.

« Mon ami Rops m'avait prêté les *Poèmes Saturniens* et je les avais lus ; c'est vous dire que je me trouve aussi heureux de les mettre dans ma bibliothèque, qu'honoré de les recevoir avec un *ex-dono* de l'auteur.

« Croyez, Monsieur, à ma gratitude et à ma sympathie.

« A. P. MALASSIS. »

Bruxelles 20 décembre 1867.

« Monsieur,

« Les *Amies* ont paru à 50 exemplaires. Les 8 exemplaires que vous m'avez demandés faisaient partie d'une expédition par la contrebande, qui a été presque entièrement saisie par la douane. Nonobstant, vos exemplaires ont échappé et me sont revenus.

« Ils sont chez moi et si vous avez une occasion, faites-les prendre. En ce moment, je n'en ai aucune de vous les faire tenir.

« Si je ne vous ai pas répondu c'est que j'attendais le moyen de vous faire passer un billet. La saisie en question a fait décacheter pendant quelques jours les correspondances, parce qu'elles comprenaient, dit-on, beaucoup de livres politiques.

« Amitiés,

« A. P. MALASSIS. »

Cet ouvrage *Les Amies* contient six sonnets, dont le dernier intitulé *Sappho* est cité par la Bibliographie Gay, tome I, page 115. La destruction de cette production licencieuse a été ordonnée par jugement du tribunal de Lille, en date du 6 mai 1868.

vont point nous faire des offres honteuses mais généralement
acceptées. Ça vous va-t-il d'être corrompu ?

.   .   .   .

.   .   .   .

Et nous aussi, ruraux, nous avons notre *Sire de Fiche-ton-
kan*. Voici un refrain entendu à Lécluse — chanté d'ailleurs
par des gamines de huit ans élevées par des « bonnes
sœurs. »

> Roul'ta bosse, Napoléon,
> Roule ta bosse et fais place à ton maître !
> Roul'ta bosse Napoléon
> Roule ta bosse et fais place aux Bourbons !

Le chef du bureau de la Presse, sous la Commune,
ne se réfugia donc pas à Londres, après l'entrée
des troupes de Versailles à Paris, — comme l'a écrit
un de ses biographes, M. Henri Castets dans la
Revue Encyclopédique Larousse.

L'automne de 1871, ramena dans la capitale le
jeune ménage Verlaine. L'image de l'inspiratrice de
la *Bonne Chanson* s'effaçait insensiblement dans le
cœur du poète. Celle qu'il avait naguère parée des
magnificences de son rêve, en qui il avait placé son
idéal, dont il avait savouré les primes caresses après
l'heure bénie des épousailles, se métamorphose
soudain, sous l'aiguillon de la jalousie, en une
furie acariâtre. Les illusions et les promesses s'en-

M. Aug. Poulet-Malassis fut condamné pour la publication
et la vente de ce recueil à un an d'emprisonnement et à
500 francs d'amende.

volent une à une de ce ménage ; le vent de la dé-
sunion vient balayer sans relâche l'horizon de la
réconciliation.

Un étranger, un éphèbe de 16 ans, « au visage
parfaitement ovale d'ange en exil, à la forte bouche rouge au pli amer » s'interposa dès octobre
1871, entre les deux époux. Et, c'en fut fait désormais entre eux de la paix conjugale, même apparente.

Le trouble-ménage s'appelait Arthur Rimbaud.
Ce nom, aujourd'hui célèbre, était peu dignement
porté dans la vie privée, par son jeune propriétaire. M. Ernest Delahaye ami intime et d'enfance
d'Arthur Rimbaud l'avait naguère présenté à Verlaine de passage à Charleville.

Aussitôt débarqué de sa ville natale, à Paris, ce
port où bien des illuminés littéraires rêvent de cein-
dre leur front de couronnes de lauriers, Rimbaud
avait couru chez Verlaine. Auteur, dès l'âge de
quinze ans, de la pièce de vers *Les Étrennes des
Orphelins* et du fameux sonnet des *Voyelles*, le nouveau venu justifiait pleinement les sentiments d'admiration mêlée d'étonnement que Verlaine déclarait
éprouver pour lui. Mais, il parut à Mme Paul Verlaine
que les sentiments de son mari pour ce privilégié des
Muses se muaient en une affection... trop vive. Et,
comme elle n'avait pas, malgré ce qu'on en a dit
« toute patience et toute douceur », elle tenta par la
violence de provoquer une rupture entre les deux
amis.

Verlaine, par horreur des querelles domestiques, s'éloigna de plus en plus de sa femme, et par esprit de contradiction se rapprocha davantage de Rimbaud. Malgré leur différence d'âges, les deux poètes se lièrent très étroitement, et ils menèrent l'un et l'autre la vie la plus extravagante, faite de beuverie forcenée et de libidineux excès. Le récit, — emprunté à Verlaine — de l'épisode dramatique suivant, en fournit une vague idée.

— « A la fin de 1871, le dîner mensuel des *Vilains Bonshommes*, fondé avant la guerre, se tenait au premier étage d'un marchand de vins établi au coin de la rue Bonaparte et de la place Saint-Sulpice...

Un soir de décembre, après le dessert et le café, on avait lu et récité beaucoup de vers. Et beaucoup de vers à la fin d'un dîner (même modeste) ce n'est pas amusant, surtout quand ces vers sont déclamatoires, comme ceux qu'on lisait ce soir-là.

« Rimbaud eut le tort incontestable de protester d'abord entre haut et bas contre d'abusives récitations. Sur quoi, M. Étienne Carjat, le photographe amateur de qui le récitateur était l'ami artistique et littéraire s'interposa trop vite et trop vivement à mon gré, traitant l'interrupteur de « gamin ».

Rimbaud qui ne savait pas supporter la boisson, et que l'on avait contracté l'habitude de gaver de vin et de liqueurs, au cours de ces « agapes » pourtant modérées, — Rimbaud, qui se trouvait gris, prit mal la chose, se saisit d'une canne à épée à

Rimbaud, par P. Verlaine.

moi qui était derrière nous, voisins immédiats et.
par dessus la table, large de près de deux mètres,
dirigea vers M. Carjat la lame dégaînée. Elle ne
causa pas heureusement de très grands ravages,
puisque l'ex-directeur du *Boulevard* ne reçut qu'une
éraflure très légère à une main.

Néanmoins. l'alarme fut grande et la tentative
très regrettable vite réprimée. J'arrachai la lame au
furieux, la brisai sur mon genou et confiai, devant
rentrer de bonne heure chez moi, le « gamin » à
moitié dégrisé maintenant au peintre bien connu
Michel de l'Hay, alors déjà un solide gaillard en
outre d'un tout jeune homme des *plus remarquablement beaux qu'il soit donné de voir*, qui eût tôt
fait de reconduire à son domicile de la rue Campagne-Première, en le chapitrant d'importance,
notre jeune intoxiqué, de qui l'accès de colère ne
tarda pas à se dissiper tout à fait, avec les fumées du
vin et de l'alcool, dans le sommeil réparateur de
la seizième année. »

De la lecture de ce récit, il faut retenir que Verlaine eut hâte de réintégrer ce soir-là le domicile
conjugal, et qu'il confia le bel Arthur, dans un triste
état, à un jeune homme remarquablement beau.

A quelles dissertations psychologiques se livre-
raient, à l'occasion de l'affection anormale de Verlaine pour Rimbaud, certains écrivains contemporains, heureux de rencontrer ou même de créer dans
leurs livres des types exceptionnels !

Verlaine a traité dans la préface du roman de M. Henri d'Argis, intitulé *Sodome*, de cette exception morale.

« Une surexcitation de l'intellect, — a-t-il écrit, — avec un sentiment plastique peut-être exagéré, des déboires dans un amour qui devait rendre heureux, voilà, croyons-nous, l'origine habituelle d'une erreur qui, pour n'avoir pas eu cette excuse et n'être pas restée un cas intellectuel et moral est punie si terriblement par la Bible ».

Faut-il qu'un écrivain même de génie soit dépourvu de sens moral, pour trouver l'ombre d'une excuse à des vices contre nature ! On a beau être atteint de la rage de la dissection, il est des charognes décomposées, purulentes et puantes où la main se refuse à plonger le scalpel.

. . . .

. . . .

« Vers 1872, — a dit l'éditeur Lemerre, — Verlaine cessa de faire partie du cénacle parnassien. Il était devenu nerveux, atrabilaire, quinteux. Les succès de ses amis lui portaient-ils ombrage ? — Je ne le crois pas. Il avait été des premiers à me prédire le grand succès de Coppée ; mais l'alcool le rendait sujet à des colères terribles. Il eût fallu renoncer, avec lui, à toute réunion. Il se sentit observé, importun, il ne vint plus. »

Mécontent de lui-même, Verlaine assurément, ne pouvait se déclarer des content autres. Cependant,

Arthur Rimbaud conservait le privilège d'éjouir de sa société ce bizarre misanthrope.

Atteints de la monomanie du déplacement, épris d'une mâle rage de voyages, les deux amis rayonnaient en chemin de fer, aux hasards de la fantaisie, en France et à l'étranger. Si l'on en croit la narration, publiée par Verlaine, dans son volume *Mes Prisons* sous le titre : *Une… manquée*, la mine et la mise de ce duo de touristes laissaient beaucoup à désirer. Selon une expression triviale, — ils marquaient tellement mal, qu'on les expulsa du territoire d'une commune française, tels de vulgaires vagabonds.

Juillet 1873 amena, d'une façon malheureuse, une brouille et une séparation irrémédiables entre Castor-Verlaine et Pollux–Rimbaud. Le couple, en ce temps-là, villégiait à Bruxelles. Arthur excédé au cours d'une discussion dans la rue, fait part à Paul de sa résolution inébranlable de le quitter.

Verlaine, ivre d'absinthe, s'emporte violemment, sort de la poche un revolver, et tire sur Rimbaud qu'il blesse légèrement d'une balle au bras. Le blessé s'enfuit à toutes jambes par la vaste chaussée de Hal ; le furieux ivrogne le poursuit et lui décoche un nouveau coup sans l'atteindre. Des policiers accourent, et cueillent prestement le délinquant et la victime.

Au bureau du commissaire, scène pathétique :

l'agresseur se dénonce lui-même, la victime ne voulant pas l'accuser. Rimbaud est relâché ; Verlaine maintenu en état d'arrestation est conduit à l'« Amigo ».

Ce nom cordial, vestige de l'occupation espagnole aux xviᵉ et xviiᵉ siècles des Flaudres désigne le « violon » bruxellois, sis derrière l'Hôtel de Ville, joyau de pierres ciselées.

« Pas beau, par exemple, l'Amigo, — écrit Verlaine, mais propre. »

Le prévenu ayant de l'argent, fut placé d'office à la pistole ; le menu de son repas du soir se composa d'un litre de faro, de fromage et de pain. Le lendemain, un « panier à salades » une voiture cellulaire le transportait à la prison des Petits-Carmes, où il fut écroué sous la prévention de tentative d'assassinat.

A son arrivée au « Dépôt », le gardien de service, un fonctionnaire très chamarré, lui indique du doigt un groupe où l'on pèle des pommes de terre. Une heure durant, le poète se livre à ce prosaïque turbin. Au déjeuner, un adjudant, encore plus chamarré que le gardien, esquisse le signe de la croix et récite le *Benedicite*. Les assistants répondent, sauf Verlaine, qui depuis longtemps avait oublié cette liturgie. La pâtée avalée, le nouveau prisonnier est appelé chez le Directeur, qui lui remet une lettre de Victor Hugo, en réponse à des lignes que Verlaine lui avait adressées de l'Amigo.

« Mon pauvre poète,

« Je verrai votre charmante femme et lui parlerai en votre faveur au nom de votre doux petit garçon. Courage et revenez au vrai. »

Bientôt, sur l'ordre d'un juge d'instruction, le prévenu mis au secret fut incarcéré dans une cellule.

« Avec un peu d'encre soigneusement économisé d'après un encrier prêté par l'administration pour de stricts usages épistolaires, et conservé, au frais, dans un interstice de carrelage, j'écrivis durant les huit jours qui eut lieu cette douce prévention, à l'aide d'un petit morceau de bois, un des récits diaboliques, parus depuis dans mon livre *Jadis et Naguère*, — *Crimen Amoris* qui commence par :

Dans un palais, soie et or, dans Ecbatane, etc... »

N'allez pas croire au moins que le poète subissait l'influence du milieu. L'ameublement de sa cellule comprenait : un hamac et une couverture, une table, un escabeau, un lavabo et... un seau qui aurait pu être hygiénique.

Cité par le procureur du Roi en police correctionnelle sous la prévention de coups et blessures volontaires ayant occasionné une incapacité de travail, etc., etc., Verlaine fut condamné à deux ans d'emprisonnement, le maximum.

L'avocat lui fit signer un acte en appel que la Cour rejeta.

Le détenu fut dirigé sur la prison cellulaire de Mons, « une chose jolie au possible. De brique rouge pâle, presque rosé, à l'extérieur, ce monument, ce véritable monument est blanc de chaux et noir de goudron intérieurement avec des architectures sobres d'acier et de fer ».

Il endossa la livrée des prisonniers : casquette de cuir, forme à la Louis XI, veste, gilet et pantalon de bure, verdâtre, dure, pareille à du reps très épais, gros tour de cou en laine, chaussettes et sabots. Une sorte de cagoule en toile bleue, destinée à cacher le visage du prisonnier, lorsqu'il traversait les corridors, pour les promenades aux préaux, une large plaque de cuivre verni en noir, avec un numéro en relief, étincelant comme de l'or, et qu'il devait accrocher à un bouton de la veste, lors de chaque promenade, complétaient son accoutrement.

Conformément au règlement, on le rasa, comme un chanoine du chapitre de Notre-Dame, sans toutefois le tonsurer.

L'ameublement de sa cellule, aussi sommaire que celui dont on l'avait doté à la prison des Petits-Carmes, était enrichi d'un petit crucifix de cuivre, appendu au mur.

La nourriture variait peu. Dans la semaine, de la soupe à l'orge; le dimanche, de la purée de pois; ration de pain de munition, eau à discrétion.

Après huit jours du régime commun à tous les

détenus, Verlaine obtint sa mise en pistole. On lui permit d'avoir une bibliothèque. Dictionnaires, classiques, etc. L'œuvre de Shakespeare en anglais, fut lue en entier par le poète. « J'avais tant de temps, pensez ! » s'exclamait-il, narquois, en narrant ce souvenir.

Un matin, le Directeur lui-même entra dans sa cellule. Il lui apportait un mauvais message : la copie du jugement en séparation de corps et de biens entre les époux Verlaine, rendu par le Tribunal civil de la Seine.

Sous l'impression de cette nouvelle, Verlaine, fait prier l'aumônier de la prison de venir auprès de lui. Le prêtre se rend à son désir ; et sur la demande de Verlaine, lui remet un catéchisme. La lecture des pages consacrées dans ce livre pieux au sacrement de l'Eucharistie détermine chez le prisonnier une extraordinaire révolution.

« Je ne sais quoi ou qui me souleva soudain, me jeta hors de mon lit, sans que je puisse prendre le temps de m'habiller et me prosterna en larmes, en sanglots aux pieds du crucifix… L'heure seule du lever, deux heures au moins après ce petit miracle moral, me fit me relever, et je vaquai, selon le règlement, aux soins de mon ménage, lorsque le gardien entra qui m'adressa la traditionnelle demande : « Tout va bien ? »

« Je lui répondis aussitôt :

« Dites à Monsieur l'Aumonier de venir. »

Quelques minutes après, je faisais part à celui-ci de ma « conversion ».

« C'en était une sérieusement. Je croyais, je voyais, il me semblait que je savais, j'étais illuminé. Je fusse allé au martyre pour de bon. »

A la suite de longs entretiens avec l'aumônier, Verlaine réclama comme une faveur, de se confesser.

« Elle fut longue, détaillée à l'infini, cette confession, — écrit-il, ma première depuis celle du renouvellement de ma première communion. Torts sensuels, surtout torts de colère, torts d'intempérance, nombreux aussi, ceux-ci, torts de petits mensonges, de vagues et comme inconscientes tromperies, — torts sensuels, j'y insiste...

Le prêtre entre autres questions, me demanda d'un ton calme et point étonnant :

— Vous n'avez jamais *été* avec les animaux ?

Sans paraître offensé d'une telle interrogation, Verlaine reçut d'un front humble et contrit la bénédiction du prêtre. L'absolution qu'il convoitait ne lui fut pas encore accordée.

En l'attendant, et selon le conseil de son confesseur, il se voua avec un renouveau d'ardeur à des travaux littéraires. Mais Shakespeare fut délaissé pour saint Augustin, dont le néophyte se croyait alors un infime succédané ; et Virgile, en latin, avec ses *Eglogues,* ses *Bucoliques* et son Enéide devint l'auteur favori.

Pécheur, puni et repentant, le poète invoqua le
Dieu de miséricorde, le Dieu de son enfance, de sa
première communion. Il fut entendu. La Foi jaillit
dans son âme, en source abondante de consolations
et d'espoirs.

Insoucieux du livre *Les Romances sans paroles*, dont son ami Ed. Lepelletier surveillait
l'impression confiée aux typos d'un journal de
Sens, oublieux sans nul doute de tous les bruits de
la nature : souffles des brises, pleurs de la pluie,
complaintes de la rue, vieux refrains exhalés à la
tombée du jour d'un clavecin mélancolique, perçus
comme au hasard et notés avec des audaces et des
incorrections voulues dans ce recueil qui devait
paraître en 1874, timidement, d'une façon si peu
bruyante qu'il n'attira même pas l'attention des
critiques, M. Ed. Lepelletier excepté, Verlaine, devenu soudain un privilégié de la science théolo-
gique et de l'amour divin, écrit sous la dictée
d'une âme où l'ivraie cède le pas au bon grain
dont parle l'Écriture, les pièces de vers du volume
Sagesse qui devait le classer au premier rang des
poètes mystiques de tous les temps.

Dans cette conversion presque spontanée, mais
assurément momentanée du pauvre Lélian, il serait
puéril de croire à une intervention surnaturelle.
L'âpre besoin qu'éprouve un prisonnier encore en
possession d'un zeste de sens moral de proclamer
son repentir, de s'accrocher éperdûment à une es-

pérance détermine de ces fréquents retours au Dieu de la première communion. Les aumôniers de la Roquette aussi bien que de toutes les maisons cellulaires des pays catholiques ne me démentiront pas. Des âmes autrement embourbées dans l'ornière du vice que ne l'était celle de l'inconscient délinquant Verlaine savent, à l'heure du châtiment, s'en dégager parfois d'un vigoureux coup de collier vers le bien. N'avons-nous pas, d'hier, l'exemple d'un ex-ministre de notre République, qui, d'ordinaire indifférent aux choses de Dieu, élucubrait dans sa cellule d'Etampes des plaintes, sensiblement pareilles à de mystiques prières ?

L'âme d'un corps captif entre quatre murailles, comme pour échapper aux embûches de la folie, aux angoissants ennuis du silence, se replie sur elle-même, se complaît à redire son odyssée intime, vogue d'actes de contrition en actes d'espérance, de charité, d'amour qu'elle adresse à la seule âme dont elle croit, au mirage, d'une imagination obsédée d'enfantines réminiscences, être écoutée et comprise. Et si le prisonnier, le détenu possède une âme de poète, la *mens divinior*, ce grain d'exaltation qui fait le génie, les narrations rythmées qu'il nous donne de ses dialogues avec Dieu, la Vierge ou quelque ange du Paradis, de ses excursions sur des voies idéales de purification, de ses extatiques contemplations de l'au-delà sont inéluctablement imprégnées de senteurs de myrrhe et d'encens.

A notre époque de scepticisme, le merveilleux, le surnaturel et toute la poésie suggestive qu'ils dégagent ont pour habitat le cloître et le feuilleton des journaux populaires. J'ai voulu, non par irréligion mais par raison, chercher ailleurs l'explication de la conversion de Verlaine.

Messagère du ciel ou plus modestement envoyée de la terre, cette rémission survenue dans l'état d'âme du poète des *Fêtes Galantes* a sauvé son rêve, angoissé de l'abandon d'une femme, en l'emportant vers un amour d'essence plus pure, que les fluctuations humaines sont impuissantes à altérer.

Cet amour, « souffle vital de l'art » a pour la première fois illuminé Verlaine du flambeau du génie, l'a arraché à lui-même, à son passé de doutes et de sensuelles folies, et l'a transporté, comme un autre François d'Assise, ou une sainte Thérèse, aux pieds du trône de l'Éternel.

Sagesse est le livre sublime où le néophyte a noté les impressions de ce voyage imaginaire.

Le touriste ailé énumère les dangers de la voie qu'il abandonne, et à l'entrée de la voie nouvelle :

> Toute belle au front humble et fier,
> Une dame vint sur la nue.
>
> . . . .
>
> . . . .
>
> « Je suis la PRIÈRE, et mon gage
> C'est ton vice en déroute au loin...

Favorablement accueilli par cette miséricordieuse compagne, le poète est néanmoins hanté de profanes ressouvenirs ; le Démon, l'Esprit du mal le traque sans relâche. Des témoignages manuscrits que j'ai sous les yeux établissent péremptoirement que la pensée du Verlaine nouveau converti oscillait entre Dieu et Lucifer. Pour le prouver je cite seulement un sonnet inédit, daté de la prison de Mons en 1874, et au verso duquel le poète, rêvant peut-être d'évasion, a gribouillé, selon son habitude, le dessin qui le représente enjambant une claie élevée pour se rapprocher d'une sainte brebis.

Le sonnet est longuement intitulé :

A propos d'une chambre, rue Campagne-Première à Paris, en janvier 1872.

O chambre, as-tu gardé les spectres ridicules,
O pleine de jour sale et de bruits d'araignées ?
O chambre as-tu gardé leurs formes désignées
Par des crasses au mur et par quelles virgules ?

Ah fi ! Pourtant, chambre en garni qui te recules
En ce sec jeu d'optique aux mines renfrognées,
Du souvenir de tant de choses dédaignées
Pourtant ils ont regret aux nuits, aux nuits d'hercules !

Qu'on l'entende comme on voudra, ce n'est pas çà !
Vous ne comprenez rien aux choses, bonnes gens.
Je vous dis que ce n'est pas ce que l'on pensa.

Seule, ô chambre qui fuis en cônes affligeants
Seule, *tu sais* ! mais sans doute, combien de nuits
De noce auront dévirginé nos nuits, depuis !

A la lanterne magique du Diable, Verlaine en train de composer *Sagesse* subit assurément la lubrique vision de la chambre parisienne où son affectionné Rimbaud lui avait offert, de nuit, une singulière hospitalité !

Mais la Foi et l'Espérance, deux puissantes vertus théologales l'affranchirent du joug de Satan.

Dans son prosélytisme ardent, le nouveau converti se prend à railler les libres-penseurs, à déplorer l'épidémie de malsaines passions qui sévit sur la société contemporaine, et dont il fut une des victimes. Sa rancune n'est pas tenace, et se transforme insensiblement en pitié.

Aux Jésuites proscrits, il adresse ces vœux :

> Vous reviendrez bientôt, les bras pleins de pardons
> Selon votre coutume...

[Ces strophes valent bien les éloges, d'ailleurs légitimes, que le P. J. Pacheu, de la Société de Jésus, consacre à Paul Verlaine, dans son volume : *De Dante à Verlaine*, publié chez Plon, en 1897.]

Bientôt le néophyte est ravi au septième ciel. Il voit Dieu, et lui offre en holocauste son corps instrument de péché.

> Voici mon cœur qui n'a battu qu'en vain
> Pour palpiter aux ronces du Calvaire,
> Voici mon cœur qui n'a battu qu'en vain.

La Vierge lui apparaît, il l'implore à son tour,

ne veut plus aimer qu'elle, et lui voue sa pensée.

Puis en une suite de sonnets, admirables jaillis-

Verlaine rêvant d'évasion. — Dessin de P. Verlaine, daté
de Mons (1874).

sements d'une âme repentante, confessant son in-
dignité :

Mon Dieu m'a dit : Mon fils, il faut m'aimer. Tu vois
Mon flanc percé, mon cœur qui rayonne et qui saigne,

se perçoivent les échos d'un dialogue entre Dieu et
l'âme du poète, véritable chef-d'œuvre d'inspiration chrétienne.

Aucun critique n'a marchandé la louange à ces accents de Foi. On chercherait en vain dans l'œuvre entier des poètes du siècle, et beaucoup d'entre eux ont excellé dans l'art de la religiosité, un mouvement d'adoration, d'ardeur, de repentance aussi sincèrement pieux que celui de Verlaine.

De retour de ce pèlerinage au céleste séjour, le poète fortifié par le pardon retrouve la nature plus belle. Le bandeau de l'impiété est tombé de ses yeux, et, devant eux, flotte dans les champs de l'avenir, entrevus à travers le prisme des douces illusions, d'imprécis désirs de vie calme et tranquille, en un coin de province, où subsiste :

> La raison raisonnable et l'esprit des aïeux,
> Beaucoup de vain travail, quelques loisirs joyeux,
> Et ce besoin d'avoir peur de la grande route !...

VIII

Rien ne ressemble moins au Verlaine de *Sagesse* que le Verlaine auteur du livre : *Mes Prisons*, recueil de notes autobiographiques, où je suis contraint de puiser encore des renseignements sur la vie du maître.

L'aurore du grand jour de l'Assomption 1874 où il devait « recevoir son Sauveur » — selon l'expression qu'il emploie, lui apporta une immense sensation de fraîcheur, de renoncement, de résignation. La captivité commença de lui paraître courte, et n'eût été sa mère, il eut écrit trop courte !.

Sa mère ! quelle effusion de tendresse elle mettait dans les gestes de baisers, envoyés le jeudi et le dimanche, aux heures du parloir, à travers les barreaux qui la séparaient de son fils ! Son dévouement pour Paul avait grandi jusqu'à l'abnégation depuis qu'il était coupable et malheureux. Elle avait, sans souci du bien-être, renoncé aux quiètes habitudes de son appartement parisien, pour venir se gîter, tour à tour à Bruxelles et à Mons, en des garnis voisins des prisons où il expiait. Sans volonté contre un désir de l'enfant toujours adulé, elle avait consenti, au risque même de la privation des entrevues bi-hebdomadaires, à lui passer en cachette des numéros du *Figaro*, feuille prohibée comme d'ailleurs ses congénères, à l'entrée de la prison de Mons. Chrétienne de cette race du Nord qui garde opiniâtrement la foi des aïeux, elle avait réappris à sourire depuis le jour où Paul s'était repris à prier. Jour par jour, elle comptait les heures qui la séparaient de la date de la libération de Paul.

Cette date, le 16 janvier 1875. emplit son cœur de hosannahs de joie.

Auprès de son fils reconquis, elle refusa de se soustraire à la promiscuité d'un tas de Français libérés. assassins ou voleurs, reconduits, dans le même compartiment. par des gendarmes belges à la frontière française. en vertu de l'arrêté d'expulsion pris contre eux par le gouvernement de S. M. Léopold II.

Bonne, dévouée, clémente, mère au sens le plus noble du mot, Mme Verlaine, toute à Paul, ne se doute même pas du voisinage de ses autres compagnons de route. L'épreuve, en soi désagréable, du moment est compensée par les rêves et calculs qui les bercent tous deux au cours de ce trajet.

La fortune de la veuve bien amoindrie, à la suite de déplorables spéculations tentées autrefois par le capitaine Verlaine à l'instigation d'un ami, suffit à peine à ses besoins. Qu'importe, elle restreindra ces derniers, elle se privera pour abandonner à Paul une plus large part. Bref, il n'est pas de sacrifices que ne consente, en vue d'assurer l'avenir de son fils, cette mère admirable.

. . . .

Un mois après !..... ma plume se refuse à vous conter la scène. Verlaine était condamné par le tribunal de Vouziers à un mois d'emprisonnement et 5oo francs d'amende, pour... menaces sous condition contre sa mère.

Chez l'enfant, comme dans le fruit, la gâterie hâte souvent la pourriture.

Dans la prison où il purgea cette seconde condamnation, le gardien-chef le chargea du ménage, épousseter, balayer, etc. « Un aumônier venu de Falaise, un village voisin dont il est question dans la *Débâcle*, d'Emile Zola, nous disait la messe tous les dimanches. Son sermon hebdomadaire se concluait par une poignée de main à travers des barreaux aux quelques trois ou quatre prisonniers que nous étions » raconte Verlaine.

Le seul enseignement que semble avoir retiré Verlaine de son séjour gratuit et obligatoire, mais non désagréable, à la maison d'arrêt de Vouziers est du domaine de la science gastronomique.

Il y avait dans cette prison un corbeau mal apprivoisé, joie du préau, terreur des tout petits enfants du gardien, et ennemi rauque des peu mélodieux chats de l'établissement. L'oiseau s'oublia un jour au point de prendre les baquets où coulaient des lessives pour des seaux hygiéniques. Le geôlier, jaloux de s'élever au grade de bourreau, se hâta de condamner à mort et d'exécuter l'inconscient volatile. On le mangea : — « il fit d'excellent bouillon, dit Verlaine ; je trouvai sa chair un peu coriace mais savoureuse en diable. »

A la sortie de la prison de Vouziers, Mme Verlaine n'attendait pas son fils. Il sortit en compagnie du gardien-chef, avec qui il vida quelques bouteilles de petit vin gris dans un cabaret voisin, à l'enseigne *Au bon coin*.

Dès lors s'ouvre pour lui l'ère des mauvais jours d'une liberté plus dure à supporter que la prison. Le gousset mal garni, mais la cervelle pleine d'embryons de volumes de prose et de poésie, il erre quelques temps en chemineau lettré, en trouvère du XIXe siècle, payant en pièces de vers son écot aux parents, aux amis qui l'hébergent. L'hospitalité des paisibles coins de province où il avait souhaité rencontrer le repos lui apparaît d'autant plus détestable qu'il l'avait rêvée délicieuse. Et, riche encore de vivaces illusions, il s'éloigne des sites naguère chéris, de sa mère qui l'aime encore, et s'en va demander aux brouillards de la Tamise de voiler son passé honni et regretté, aux Anglais du travail, gain de pain quotidien.

Mais l'Angleterre, en dépit de la réputation d'hospitalité des Ecossais, ne semble pas avoir été l'Eden cherché par l'exilé. Le ciel toujours pâle ou voilé d'un badigeon gris de plomb de cette contrée pesa tristement sur l'âme déjà mélancolique du poète. Le *struggle for life* qu'il soutenait péniblement en donnant à de jeunes gentlemen des leçons de français et de dessin, — oui, de dessin ! — le lassa au point de lui faire regretter amèrement sa prison de Mons.

Je n'invente pas. Le regret du cachot perdu ne s'exhale-t-il pas de ce morceau de poésie ?

ÉCRIT EN 1875.

J'ai naguère habité le meilleur des châteaux
Dans le plus fin pays d'eau vive et de coteaux
Quatre tours s'élevaient sur le front d'autant d'ailes
Et j'ai longtemps, longtemps habité l'une d'elles.
Les murs, étant de brique extérieurement
Luisent rouges au soleil de ce site dormant,
Mais un lait de chaux clair comme une aube qui pleure
Tendait légèrement la voûte intérieure.
O diane des yeux qui vont parler au cœur,
O réveil pour les sens éperdus de langueur,
Gloire des fronts d'aïeuls, orgueil jeune des branches,
Innocence et fierté des choses, couleurs blanches !

Parmi des escaliers en vrille, tout aciers
Et cuivres, luxes brefs encore émaciés,
Cette blancheur bleuâtre et si douce, à m'en croire,
Que relevait un peu la longue plinthe noire
S'emplissait tout le jour de silence et d'air pur
Pour que la nuit y vint rêver de pâle azur.
Une chambre bien close, une table, une chaise.
Un lit strict où l'on pût dormir juste à son aise,
Du jour suffisamment et de l'espace assez,
Tel fut mon lot durant les longs mois là passés
Et je n'ai jamais plaint ni les mois ni l'espace,
Ni le reste, et du point de vue où je me place,
Maintenant que voici le monde de retour
Ah ! vraiment j'ai regret aux deux ans dans la tour !
Car c'était bien la paix réelle et respectable,
Ce lit dur, cette chaise unique et cette table,
La paix où l'on aspire alors qu'on est bien soi,
Cette chambre aux murs blancs, ce rayon sobre et coi,
Qui glissait lentement en teintes apaisées
Au lieu de ce grand jour diffus de vos croisées ;
Car à quoi bon le vain appareil et l'ennui
Du plaisir, à la fin, quand le malheur a lui
(Et le malheur est bien un trésor qu'on déterre)
Et pourquoi cet effroi de rester solitaire
Qui pique le troupeau des hommes d'à présent,
Comme si leur commerce était bien suffisant !
Questions ? Donc j'étais heureux avec ma vie,
Reconnaissant de biens que nul, certes, n'envie
(O fraîcheur de sentir qu'on n'a pas de jaloux ! »
O bonté d'être cru plus malheureux que tous !).
Je partageais les jours de cette solitude
Entre ces deux bienfaits, la prière et l'étude,
Que délassait un peu de travail manuel.
Ainsi les Saints ! J'avais aussi ma part de ciel,

Surtout quand, revenant au jour, si proche encore,
Où j'étais ce mauvais (sans plus) qui s'édulcore
En la luxure lâche aux farces sans pardon,
Je pouvais supputer tout le prix de ce don.
N'être plus là, parmi les choses de la foule,
S'y dépensant, plutôt dupe, pierre qui roule,
Mais, de fait, un complice à tous ces noirs péchés,
N'être plus là, compter au rang des cœurs cachés,
Des cœurs discrets que Dieu fait siens dans le silence,
Sentir qu'on grandit bon et sage, et qu'on s'élance,
Du plus bas ou plus haut en essors bien réglés,
Humble, prudent, béni, la croissance des blés ! ——
D'ailleurs nuls soins gênant, nulle démarche à faire :
Deux fois le jour ou trois, un serviteur sévère
Apportait mes repas et repartait muet.
Nul bruit. Rien dans la tour jamais ne remuait,
Qu'une horloge au cœur clair qui battait à coups larges
C'était la liberté (la seule !) sans ses charges,
C'était la dignité dans la sécurité !
O lieu presque aussitôt regretté que quitté,
Château, château magique où mon âme s'est faite,
Frais séjour où se vint apaiser la tempête
De ma raison allant à vau l'eau dans mon sang,
Château, château qui luis tout rouge et dors tout blanc,
Comme un bon fruit de qui‘le goût est sur ma lèvre
Et désaltère encor l'arrière soif de fièvre,
O sois béni, château d'où me voilà sorti,
Prêt à la vie, armé de douceur et nanti
De la foi, pain et sel et manteau pour la route
Si déserte, si rude et si longue sans doute,
Par laquelle il faut tendre aux innocents sommets
Et béni soit l'Auteur de la Grâce, à jamais.

Paul Verlaine.

Etrange, n'est-ce, pas cette nostalgie du cachot ; quel argument pour les partisans du régime cellulaire !

Verlaine éleveur, à Coulommes 1878.
Dessin de E. Delahaye.

Je comprends mieux la tristesse répandue dans le poème en prose daté par Verlaine de décembre 1875, — même période de l'exil anglais !

« Le temps s'approche de la Nativité du Christ. — La lune est cachée, la nuit est tranquille. — Une seule église, au pied de la colline, — enveloppée dans la brume carillonne.

« Un seul carillon de cloches en bois — qui éveille à cette heure de repos — un seul murmure dans ma poitrine — Las ! ce ne sont pas les cloches que je connais !

« Comme des voix d'étrangers elles sonnent. — Dans des
terres où pas une mémoire ne rôde — ni où une marque
ne respire d'autres jours — mais où tout est nouveau terrain
non sanctifié. »

Un troisième manuscrit rédigé à Londres, en un
moment d'humeur spleenatique, témoigne chez Ver-

Verlaine cultivateur à Coulommes. — Dessin de E. Delahaye
(1878).

laine d'une nostalgie nettement avouable. Il associe
enfin la pensée de sa mère à des ressouvenirs de la
patrie.

Sans doute il fut aisé à cet enfant prodigue, chéri,
malgré toutes ses fautes, de reconquérir, après le pardon qu'on ardait de lui accorder, l'entière affection,
l'entier dévouement maternels.

À son premier signe de vie, Mme Verlaine répond
en le conjurant de se rendre auprès d'elle. Paul,

désabusé de la pédagogie, lâche ses élèves anglais,
et accourt à l'appel de sa mère. Avec elle, il se
fixe à Coulommes, dans les Ardennes, pour y
élever, non plus des londonniens, mais des lapins,

Verlaine apprenti-papa. — Dessin de M. E. Delahaye (1878).

des poules, des canards, et mieux aussi : du bé-
tail.

Écoutez maintenant les aveux de l'éleveur.

« Mon idée a toujours été d'habiter dans la vraie
campagne, dans un village « en plein champ »,
une maison d'exploitation, une ferme dont je fusse
le propriétaire et l'un des travailleurs, l'un des
humbles, vu ma faiblesse et ma paresse.

« Eh bien ! j'ai réalisé cet *hoc erat*, j'ai connu,
pratiqué, apprécié les menues besognes des champs…

Cela assez longtemps pour m'en toujours souvenir et pour le *regretter* toujours. »

En effet, dans la carrière d'éleveur, Verlaine fut cette fois plus malheureux que coupable. L'absence totale de connaissances techniques le laissa

Verlaine émule de François Ier, 1878.
Dessin de M. E. Delahaye.

désarmé contre le choléra des poules et la clavelée des moutons. Dans son exploitation rurale, il fut surtout exploité par de malins paysans ; il engloutit, sans fruit, une forte portion du pécule maternel environ 3o ooo francs. Dès lors, pour la troisième fois, il change d'élèves. Il succède, en octobre 1878, à son ami Delahaye, et devient professeur d'anglais et de littérature, classes françaises, cours supérieur, au collège Notre-Dame, à Réthel. S'il

faut en croire les dessins de M. Delahaye, Paul
Verlaine se montra toujours bon et aimant envers ses
écoliers. Il prenait volontiers part à leurs jeux enfantins, et songeant sans doute à l'enfant qui portait
son nom et que Mme Mathilde Verlaine élevait loin
de lui, il avait voué une sorte d'affection paternelle
très vive au garçonnet d'un de ses amis. La plume
habile du dessinateur E Delahaye a retracé pour
la postérité espérons-le deux scènes où Verlaine fait
son apprentissage de l'art d'être « papa. »

Mais, au dicton « qui a bu boira » on peu ajouter en parlant de Verlaine « qui a écrit, écrira. »

En dépit de ces occupations professionnelles, il
cédait sans cesse aux harcèlements de la tarentule
littéraire, et sans cesse accroissait le tas de petits
papiers de toutes nuances et de tous formats sur
lesquels se profilaient en un désordre nullement artistique des vers mystiques ou autres. sorte de pa-
pier-monnaie qu'il allait bientôt échanger contre
des écus sonnants et trébuchants.

IX

En octobre 1881, Verlaine et sa mère, ruinés ou
près de l'être, retournaient à Paris, où depuis fort
longtemps le nom de l'auteur des *Fêtes Galantes* était
oublié.

« Me voici rejeté en plein bagne parisien, —
écrivit Verlaine à cette époque. — Me voici, sombre
citadin qui ai perdu langue, me trouvant tout dé-
paysé dans un chez moi jadis et naguère abdiqué
me démenant pour du beurre sur mon pain, parmi
cette discorde d'intérêts factices et de plaisirs fous,
sans illusion courageuse, lourd d'une expérience
inutile ».

Victor Palmé, l'éditeur héroïque des Bollandistes,
avait bien accepté de tirer des pièces manuscrites du
converti de Mons, le volume *Sagesse*, et de le mettre
en vente. Mais lorsqu'en 1882, MM. Maurice Barrès et Moréas apprirent l'existence de ce livre et en

voulurent acquérir un exemplaire chez l'héroïque éditeur, il leur fut répondu qu'il fallait au moins huit
jours pour retrouver *cela* dans les caves.

Les vers — je ne dis pas les asticots — la poésie

Ma dernière visite chez Palmé. — Dessin de P. Verlaine.

ne se vend guère. Palmé, obéissant à la fatalité in-
consciente des choses, avait sans aucun doute rem-
placé dans les casiers les exemplaires de *Sagesse*, que
les clients ne demandaient pas, par des exemplaires
de paroissiens que des clientes se disputaient.

Les « droits d'auteur », le casuel des pauvres
hères de la plume que Verlaine espérait retirer de
la première édition de *Sagesse*, chez Palmé, ne lui
auraient pas permis de régler une de ses notes quotidiennes chez le boulanger.

Et cependant, le très modeste appartement

qu'occupait alors le poète avec son excellente mère, dans la pittoresque rue de la Roquette, ne respirait pas la misère.

Rideaux candides tamisant la lumière discrète éclairant un propret ameublement provincial. Cloué au mur, un Christ sanglant, enluminé par Germain Nouveau avec une maladresse inspirée. Dans la bibliothèque du Maître, livres de casuistique côtoyant les *Nouvelles* de Scarron, une *Imitation* tournant le dos à un Pétrone. Çà et là, accrochés au hasard des blessures de la tapisserie, des pastels *premier Empire*. Auprès de la fenêtre, un pupitre étroit, vraie chaire de pion, où traînaient, en un poétique désordre, des bouts de papier maculés et rayés de vers qui devaient être recueillis dans le volume *Jadis et Naguère*.

Là, quelquefois, des amis, de sincères amis alors, savouraient à la table du pauvre lutteur quelque omelette au lard bien dorée, retournée avec une habileté de cordon bleu par Mme Verlaine mère, et la digne hôtesse, âprement résolue de voiler d'un linceul l'absence de bien-être aux yeux des invités, insistait pour les contraindre à prendre le café avec beaucoup de morceaux de sucre. Le sucre était pour elle la panacée universelle; il fut l'unique douceur de ses derniers ans.

En ce temps-là. Verlaine, sanglé dans un habit de coupe londonienne. apparaissait grave, malgré les apéritifs, sous les ailes à large envergure d'un chapeau haut-de-forme, dans les cafés littéraires de la capitale. Ses succès parnassiens, comme ses *Fêtes Galantes*, étaient pour les habitués à mi-trajet du chemin de l'oubli. Raoul Ponchon citait parfois encore, en un caboulot du quartier latin, un distique du poète saturnien, mais du café d'Harcourt à la brasserie du Furet, nul parmi les rimeurs ne s'enquérait du futur Roi.

Tout à coup, dans *Lutèce*, feuille mirifique dirigée par Léo Trezenick, et qui sut durant deux années, tenir haut :

Le glaive éclatant de la rime,

un émule en herbe de Sainte-Beuve, M. Charles Morice, après avoir lu les vers de Verlaine intitulés *L'Art Poétique*, et parus dans le *Paris Moderne*, revue littéraire et artistique éditée chez Léon Vanier, accable le poète de traits ironiques et le compare à Boileau.

Après des explications à bol de punch, Morice, catéchisé par Tristan Corbière, devient un fervent admirateur et un furibond disciple de Verlaine.

Lutèce, le journal de Morice et de Trézenick, s'honore de compter l'auteur de *Sagesse* au nombre de ses collaborateurs. Il y publie la première série des *Poètes Maudits*, proses réunies plus tard en volume, et quantité de strophes qui le font proclamer chef et *satanique* docteur par Laurent-Tailhade, Charles Vignier, Francis Vielé-Griffin, Henri de Régnier, etc.

Telles tavernes des environs de la Bastille rediront-elles jamais les lyriques soirées dont elles furent le théâtre à cette époque ? De grosses gouines au nez camus, piliers nullement en bois de ces établissements, se souviennent encore des gestes et des clameurs de la bande de soudards de lettres se préparant à la conquête des lauriers et des palmes par l'absorption de boissons exécrées. Certaine patronne d'un bureau de tabac de la Roquette ne sait-elle plus que d'un seul regard de ses yeux d'alors elle vouait à de démoniaques tentations l'être charnel de Lélian. Et la pâtissière du coin ! s'en régalait-t-il assez le lubrique Verlaine, s'en pourléchait-il assez les lèvres de ses gâteaux, que, par une délicate attention, elle consentait à lui laisser goûter dans l'arrière-boutique.

Mais, ce sont là souvenirs presque d'alcôve. Le mur de la vie privée les protège de notre indiscrétion.

. . . .

. . . .

Alors, pendant des mois, Verlaine et Charles Morice témoignant autrement qu'en paroles de son dévouement au Maître, s'en allaient battre à l'huis des éditeurs, en brandissant devant ces derniers le manuscrit de *Jadis et Naguère*.

« Courses et démarches plates et dures comme un trottoir, repas empoisonnés, nuits blanches, tentations méprisées mais fortes sur un vieux cœur qui fut autrefois tout à ça », Verlaine connut alors ces déboires, ces déceptions inhérentes aux possesseurs de manuscrits en quête d'un éditeur.

Il n'y a pas — dit le proverbe — de pire sourd que celui qui ne veut pas entendre. Chez les éditeurs, cette surdité règne à l'état endémique. Elle sévit surtout parmi les anciens de la profession qui, fait remarquable, ne s'en portent pas plus mal du côté de la bourse.

Verlaine mit en pratique avec une louable opiniâtreté, le « Frappez et on vous ouvrira » de l'Evangile. Il ne se lassa pas de heurter aux portes de ces sourds, jusqu'à ce que l'un d'eux, moins sourd parce que plus jeune et plus ami des jeunes, eût entendu. Celui-ci s'appelait : Léon Vanier.

Si j'essayais d'esquisser ici la biographie de ce laborieux éditeur, fils de ses œuvres, un panégyrique outrancier jaillirait de ma plume. Mieux vaut laisser au récit qui va suivre le soin de mettre en pleine lumière le dévouement inlassable de Vanier pour Verlaine, l'aide beaucoup plus désintéressée que ne le croient des envieux, incessamment prêtée par lui à cet auteur famélique.

Vanier qui avait édité en 1882-83 la revue *Paris-Moderne*, et qui s'intéressait également au succès du journal *Lutèce*, se montrait très accueillant pour les collaborateurs de ces publications. Son magasin du quai Saint-Michel rivalisait certains jours avec l'académique salon qu'abrite la coupole du Palais-

Mazarin, sinon par la tenue impeccable des visiteurs, tout au moins par les débats littéraires qui s'y déroulaient. Verlaine se mêlait à ces joûtes intellectuelles, et sa voix, affranchie de relents d'absinthe, savait, le cas échéant, trouver les accents enjôleurs de la persuasion.

Malgré les insuccès pécuniaires de tous les volumes : *Poèmes Saturniens*, *Fêtes Galantes*, *Romances sans paroles* et *Sagesse*, antérieurement confiés aux éditeurs Lemerre, imprimerie de Sens, et Victor Palmé, le poète à court d'argent déployait devant Vanier un éblouissant écrin de miroitantes promesses. Son imagination en délire, ne tenant aucun compte du passé, entrevoyait non toutes sortes de gloires et de couronnes, mais des bouquins signés de lui et vendus par milliers d'exemplaires, grâce au talent y dépensé et aux retentissants coups de tam-tam, de grosse caisse battus autour d'eux par les innombrables amis qu'il se comptait dans les organes quotidiens ou périodiques de la presse.

« Tous les journaux marcheront, disait-il à Vanier, d'un ton à museler des lèvres incrédules. Prenez mon manuscrit. Tirez à deux mille, à cinq mille ; ça se vendra comme des petits pains. Je me charge de la réclame ; je donnerai le *la* à tous les copains de la Presse qui jouent de la critique. »

Et l'éditeur Vanier, un peu pris au miroir, éditait à ses frais les *Poètes maudits*, refondait une édition de *Sagesse* et de *Romances sans paroles*, et annonçait, en 1884, le volume *Jadis et Naguère*. L'auteur ne devait-il pas, aux termes de ses promesses, ouvrir des débouchés, jusqu'alors inconnus, à cette marchandise ? — Hélas, l'homme propose, et les événements disposent. A l'heure où les premières épreuves de *Jadis et Naguère* étaient apportées au nº 5 de la rue de la Roquette, à fin de corrections, le poète, l'oiseau chanteur s'était envolé.

Verlaine, négligent ou mieux en butte à de graves préoccupations, avait quitté Paris sans prévenir son éditeur. Après un mois de silence, il donnait enfin signe de vie.

Coulommes, par Attigny, Ardennes

5 novembre 1884.

Mon cher Monsieur Vanier,

Forcé, pour être témoin dans un procès de vol à mon préjudice, d'attendre qu'on daigne m'appeler de vive voix, me voici cloué ici, où vous m'enverrez, n'est-ce pas ? les épreuves jusqu'à nouvel ordre.

A vous, et à bientôt j'espère, si Thémis n'est pas trop, trop boiteuse.

PAUL VERLAINE.

Thémis ne lâcha pas ses sempiternelles béquilles. Elle retint le plaignant à Coulommes jusqu'en mars 1885. Il est vrai que Verlaine soutint deux procès, en dehors de celui qui l'avait amené dans les Ardennes.

Entre temps, dès les premiers jours de décembre 1884 Vanier avait lancé le volume *Jadis et
Naguère* et, sans le secours du diapason Verlaine, donné le ton aux journaux amis.

Aucune thèse, aucun état d'âme défini ne do-
mine dans ce livre, recueil de poésies écrites sous
diverses impulsions et à différentes époques. L'inspiration émane tantôt de la nostalgie, tantôt de
l'ironie. Une comédie, *Les Uns et les Autres*, prestement enlevée dans le goût du xviiie siècle, et la célèbre pièce *Art poétique* parue, antérieurement
dans *Paris-Moderne*, méritent d'être signalées.
Surtout que les apprentis-poètes n'aillent pas s'assu-
jettir aux règles d'art poétique préconisées là, par
Verlaine. Les procédés de ce Maître ne sont pas à
tous accessibles. Sa langue est composée des élé-
ments les plus hétérogènes ; l'argot y voisine la préciosité ; l'ellipse, l'abréviation, l'exclamation, le
coq-à-l'âne y sont tour à tour employés. Les barbarismes en sont heureusement proscrits.

Je relève dans la volumineuse correspondance
reçue par l'auteur de *Jadis et Naguère* l'appréciation
de Théodore de Banville ;

Villa de Banville, près Lucenay-les-Aix (Nièvre).

Jeudi, 9 juillet 1885.

« Mon cher poète,

« J'ai été infiniment touché de votre attention, et je vous
remercie cordialement de m'avoir envoyé un exemplaire

nouveau de *Jadis et Naguère*. Le jour même où je l'ai reçu, je l'ai lu dans mon lit que je ne puis guère quitter ; et si je ne vous ai pas écrit tout de suite, c'est que je suis très malade et qu'il m'est difficile d'écrire, même une lettre. Eh bien, mon impression est bien ce que je croyais me rappeler. *Les Uns et les Autres* est une comédie excellente, très bien construite, où l'originale délicatesse de votre style, très précis dans la fantaisie s'affirme avec une distinction rare ; charmants et tristes comme la vie, vos acteurs shakespeariens jouent avec la meilleure grâce dans un délicieux décor Watteau. Le retour à la fin de la compagnie groupée et du chant de Mezzetin est une trouvaille, et cela encore c'est la vie où, quand il s'est passé beaucoup de choses, il ne s'est rien passé du tout. Parmi les autres poèmes beaucoup m'étaient familiers, je les ai retrouvés avec grand plaisir. Parfois peut-être vous côtoyez de si près le rivage de la poésie que vous risquez de tomber dans la musique ! Il est possible que vous ayez raison.

« Croyez, je vous prie, à mes meilleurs sentiments. »

X

Trois procès à la fois ! Tout autre plaideur que Verlaine eût ployé sous ce faix de soucis. Il s'en joua comme d'un fétu.

Les huissiers porteurs de grimoires encombrèrent de papier timbré son logis de Coulommes. Le poète ne daigna pas laisser tomber sur leur barbare copie un regard de curiosité. Son imagination entrevoyait, par delà la réalité, un immense horizon de fictions, et de rêves. Béatement, il s'y plongeait. Et du matin au soir, insoucieux de la bande rapace des gens de la basoche qui se partageaient les dépouilles de sa fortune foncière, il composait, avec la plus entière indépendance d'esprit, des romances, des contes, des nouvelles, des comédies en prose ou en vers destinés à grossir le stock des volumes édités plus tard chez Vanier.

Dans sa correspondance d'alors, Verlaine nous

apparaît teinté de Diogène. Il a assisté en philo-
sophe cynique à l'annéantissement de ses espérances
d'éleveur. Son attitude devant les faits qui s'accom-
plissent rappelle celle d'un musulman croyant au

Verlaine magistrat. — Dessin de P. Verlaine.

mecktoub. Il ne gémit pas, il ne maudit pas les juges
qui lui font perdre deux procès sur trois. Mais au
moment de quitter, sans esprit de retour, le coin de
la terre ardennaise où l'on saisit son bien, il écrit,

avec une belle humeur puérile, une gaminerie d'écolier : « Ils m'ont plumé, mais j'emporte mes plumes et mon encrier. »

Ce cynisme l'abandonne un instant devant sa mère éplorée au récit des procès perdus. Le cauchemar de la misère imminente avec son cortège de haillons et de jours sans pain, de nuits sans abri l'assaille et l'épouvante. La peur de la faim redouble son acharnement au labeur.

Fébrilement, il met au point les manuscrits : *Mémoires d'un veuf*, *Louise Leclercq*, *Mme Aubin*, dont il sait pouvoir céder contre espèces la propriété littéraire à Vanier. Et lorsqu'il veut lui-même apporter à l'éditeur ces œuvres terminées, la maladie, une sorte de paralysie des deux jambes, le cloue entre deux draps, sur un lit de douleur.

Le médecin appelé ordonne un traitement rigoureux : gouttière, pointes de feu, le tout saupoudré de chloroforme et assaisonné de régime hygiénique.

Condamné à l'immobilité, le pauvre infirme dont le moral tend à descendre au niveau du physique supplie par lettre Vanier de se rendre chez lui. L'éditeur du quai Saint Michel, qui serait certainement resté sourd à l'appel d'un auteur en vogue, se précipite chez Verlaine, réconforte le malade par le cordial de quelques billets de banque et la commande de travaux de rédaction salariés : biographies pour la publication *Les Hommes d'aujourd'hui*.

Cette démarche de Vanier est d'autant plus méritoire que la copie destinée au journal *Les Hommes d'aujourd'hui* lui était d'ordinaire fournie gratuitement. En offrant à Verlaine de salarier sa collaboration à cette feuille, l'éditeur était mû par l'unique pensée de secourir le poète à bout de ressources.

Nous connaissons peu de publicateurs des œuvres d'autrui, enclins à délier les cordons de la bourse en faveur d'auteurs n'ayant pas encore franchi le seuil de la célébrité. Et Verlaine dont le passé n'était nullement garant d'un brillant avenir avait obtenu seulement quelques bruyants succès de presse et de cafés littéraires, mais aucun succès de librairie.

En la circonstance, Vanier se conduisit à l'égard de Verlaine plus en ami, en Mécène même, qu'en homme d'affaires, qu'en éditeur. Il acheta et paya par anticipation la propriété littéraire des trois volumes de prose parachevés par l'auteur infirme. Aucun de ces trois volumes, d'ailleurs, ne devait rapporter de longtemps à l'éditeur de quoi couvrir les frais d'édition.

Tandis qu'on procédait à l'impression de ces ouvrages de prose, aujourd'hui plus connus sous les titres : *Louise Leclercq* et *Mémoires d'un veuf*, le pauvre Lélian, proie de la maladie, sollicitait et obtenait d'entrer à l'hôpital Broussais.

En cet asile, séjour moins dur qu'une prison, l'ex-pensionnaire de Mons se sent d'emblée chez lui. Les

poètes ont partout le don de s'imaginer qu'ils sont
chez eux. Les médecins et les internes rivalisent
de prévenances pour le malade ; le personnel,
garçons de salle et infirmiers, ont des soins empressés
pour cet hospitalisé de marque. En somme, il
éprouve une bonne impression première du gîte et
des êtres qui l'y entourent.

Sa cure, militairement menée, fut abrégée par
son désir de se trouver auprès de sa mère à l'occasion de l'échéance du terme de janvier. La date du
terme avait sonné comme un glas funèbre au cœur
de Mme Verlaine. Des revenus réduits à une très
simple expression la contraignaient de quitter la
rue de la Roquette et de se retirer dans un garni du
quartier des Quinze-Vingt, rue Moreau, cour Saint-
François.

Paul l'y rejoignit. Il trouva sa mère affaiblie, refusant de prendre n'importe quelle nourriture, ne
voulant pas se soigner, n'écoutant ni les médecins,
ni personne, s'abandonnant à la mort avec la morne
résignation d'une infortunée qu'horrifie la perspective d'un déclin de vie misérable.

Dans la chambre d'où s'envolait le 21 janvier 1886,
l'âme de cette noble femme, dont le seul tort avait
été de gâter trop son enfant, Verlaine, les jambes
rivées l'une à l'autre dans une gouttière de plâtre,
immobilisé sur un siège, donnait l'apitoyant spectacle d'une statue de la Désespérance. Au dessous
d'un front élargi par une franche calvitie d'énormes

sourcils, touffes de gazon funéraire, rejoignent près des tempes une barbe de cyprès. Des traits fortement accusés ressortent dans ce masque ; un nez retroussé avec des narines palpitantes d'effroi ; des yeux, cavernes broussailleuses d'où jaillissent à flots des larmes montées du cœur empruntent aux prunelles gris-foncé les sombres lueurs d'un ciel d'hiver au crépuscule. Sur sa face, où d'habitude se mirent les désirs humains, plane la désolation farouche, annéantissement de l'espoir et du rêve.

En cette douloureuse épreuve, Vanier fut, de tous les amis du poète, le premier à lui apporter, avec des condoléances, l'aide nécessaire à l'accomplissement des formalités et des obligations sociales qu'impose un décès.

Il se chargea, sur la prière de Verlaine désireux de faire à la défunte de dignes funérailles, de négocier chez des changeurs du Palais-Royal quatre des obligations trouvées dans la chambre mortuaire. Cette vente produisit exactement les 1580 francs qui furent dépensés au service religieux et à l'inhumation.

Le pauvre Lélian perdait avec sa mère l'unique lien qui l'eût pu maintenir dans le chemin non fangeux de la vie. L'âme qui remontait vers les sphères éternelles emportait sur son aile l'ange gardien, dispensateur de bons conseils et surtout de l'énergie utile aux saines actions qui, depuis plusieurs mois, veillait au chevet du poète.

Désormais, Verlaine endeuillé cherche dans l'absorption des breuvages alcooliques un soulagement à la douleur morale et aux souffrances physiques. L'absinthe l'ensorcèle à nouveau. Il en fait son unique hygiène et comme le soleil de sa vie spirituelle. Et s'il ne devient pas l'ivrogne répugnant des faubourgs qui, le cerveau rempli de flamme et de gloire, se roule ridiculement dans les ruisseaux de la chaussée, c'est qu'il est, même dans l'orgie, dominé par une force intellectuelle, capable par instants de terrasser la bête.

Baudelaire a écrit, dans un livre dont le titre échappe à ma mémoire : Celui qui aura recours à un poison pour penser ne pourra bientôt plus penser sans poison.

Appliquées à Verlaine, ces lignes ont la valeur d'un axiome.

Pour réchauffer son inspiration, pour s'élever vers l'infini, le poète s'adonne frénétiquement à la consommation de l'alcool qui, en exultant sa nervosité, suscite devant ses yeux des visions d'irréel, heureux voile éphémère jeté sur la triste réalité.

En bohême incorrigible, le poète traite de toute la hauteur de son mépris l'épargne du sou dans le bas de laine, cette vertu des classes laborieuses. Aujourd'hui n'a pas de lendemain, pour ce singulier comptable ; l'échéance du loyer n'existe pas dans ses prévisions. Quand sonne l'heure du terme à payer, Verlaine menacé d'expulsion par son propriétaire se prend, nouveau Schaunard, à songer que le temps a couru comme un cerf, et qu'il n'a plus que trois quarts d'heure pour trouver soixante francs et un autre taudis.

Alors enfonçant la tête entre les deux genoux, il descend dans les abîmes de la réflexion. Il en remonte bientôt pour lancer, plagiant Archimède, un joyeux *eureka*.

Sa trouvaille se condense dans la lettre qu'il adressait à Vanier le 15 avril 1896.

« Mon très cher éditeur, je vais terminer pour les *Hommes d'aujourd'hui*, un chouette Goncourt aux pommes. Vous me devrez dix francs, prix convenu pour ce labeur. Mais il paraît que c'est aujourd'hui le terme. Mon *proprio* se rend chez vous. Veuillez lui remettre soixante francs à titre d'avance sur ma copie à venir. »

L'usage n'est pas encore établi dans le monde des éditeurs de payer par anticipation aux auteurs des projets de copie. Assurément c'est fort regrettable pour les gens de lettres... Ce que nous leur en promettrions des lignes et des pages, si nos promesses s'échangeaient contre de bons écus sonnants !... Cependant, Vanier n'hésita pas à donner satisfaction à la demande anormale de son auteur favori.

L'éditeur du quai Saint-Michel créait de ce chef un précédent fâcheux pour ses relations d'argent futures avec Verlaine. Il pénétrait l'insoucieux poète de l'idée qu'il possédait désormais une sorte de banquier sans cessse disposé à escompter contre de l'argent comptant des manuscrits en perspective.

Et, lorsque, en mai suivant, l'incorrigible bohême, acculé à la plus noire misère, n'ayant plus à se mettre sur le dos qu'un vêtement dont l'étoffe réduite à la trame avait les rugosités d'une râpe, sollicita de Vanier une avance nouvelle pour s'acheter un complet sur mesure, il se heurta contre un refus catégorique.

Bis repetita non placent, en matière de prêts pécuniaires, répondit l'éditeur. Et le *poor Lélian* en fut réduit, cette fois, à brocanter son propre portrait, peint par Valadon.

L'or provenant de ce brocantage passa des doigts de l'insatiable gaspilleur dans la caisse des mastroquets. Quand vint l'échéance fatale du 15 juillet, le proprio du logis de la cour Saint-François fondit en vautour affamé sur son famélique locataire. Menaces d'expulsion, retenue du mobilier, des défroques, du linge et aussi des papiers manuscrits, rien ne fut épargné au mauvais payeur.

Vanier intervint encore, *Deus ex machina*, pour sauver son auteur, menacé de loger à la belle étoile Il le fit admettre à l'hôpital Tenon.

Par une attention délicate, juillet ramenant les chaleurs estivales et les envolées des citadins vers les montagnes et les plages, on choisit pour l'infirme cet asile bâti en un quartier suburbain qui est un peu à Paris ce que Graville est au Hâvre.

Pour la seconde fois, Verlaine, épave errante sur l'océan de la capitale, s'échouait en un de ces ports de refuge où la société donne aux deshérités de la santé et de la fortune les bons soins, le repos et le bien-être que constitue l'absence de préoccupations matérielles. D'illustres pilotes avaient jalonné la route du poète vers cet abri, si ridiculement méprisé par des heureux de ce monde. Gilbert, Malfilâtre, Hégésippe Moreau, pour ne citer que des Français, connurent avant lui le confortable de l'hôpital, asile aussi noble pour le poète que l'ambulance l'est pour le soldat.

Comme la prison, châtiment juste ou immérité, grandit la popularité d'un politicien, l'hôpital, par fois sanction d'une vie imprévoyante et désordonnée, agrandit l'auréole de gloire d'un poète.

De généreux confrères de lettres, chez qui le premier mouvement de donner est souvent réprimé par l'impuissance du don, entonnent en un touchant accord un hymne de charité en faveur de l'hospitalisé ; des plumitifs emballés s'emportent à imagination débridée, contre la société, indigne marâtre qui ne nourrit pas les poètes ; d'autres critiques, en proie au vertige, s'épandent en aménités sophistiquées d'injures contre le ou les éditeurs des auteurs misérables.

Ce bruyant concert de lamentations et d'imprécations tourne, réclame retentissante, au profit du nom et de l'œuvre de celui qui l'a motivé.

L'entrée de Paul Verlaine à l'hôpital Tenon en 1886 lui valut dans la presse dix fois plus d'articles que ne lui en avaient procurés les deux éditions successives de son chef-d'œuvre : *Sagesse*.

Le poète par qui le fameux *frisson* de Baudelaire était devenu *spasme*, le Boileau d'un *Art poétique* dont les formules étaient encore discutées dans un cénacle minuscule vit choir au-dessus du réglementaire bonnet de coton posé par l'Assistance Publique sur son front dévasté, les premières couronnes de lauriers. Des disciples amis et aimés, le proclamèrent Maître et élargirent le cercle de ses admirateurs. Ce fut à qui des jeunes néophytes des lettres irait en pèlerinage à Tenon apporter ses hommages respectueux, un encens adulateur au titulaire du lit numéro 1 de la salle Seymour.

Pas moribond du tout, frais et reluisant de parfaite hygiène, Verlaine triomphant accueillait ses adorateurs et ses interviewers.

Etonné d'être plaint par les uns, il ne songeait pas à médire de l'hospice où les médecins en chef et leurs états-major d'internes et d'externes le comblaient de soins attentifs. Non sans habileté, il gardait un prudent mutisme sur ce qu'il appelait avec une douce emphase « ses catastrophes antérieures ». Mais, tour à tour grave ou gamin, il parlait d'abondance, avec une volubilité de méridional, de ses désirs de dire adieu à la promiscuité des gémissantes agonies et des trivialités qui se « jaspinent » en argot.

— « On m'a sacré grand homme, se complaisait-il
à répéter ; je tâcherai, dès sorti, à être un homme,
un brave homme soucieux de gagner honorablement
des *sous*, puisqu'il en faut, autant qu'il en a perdu.
Le métier de cordonnier m'étant inconnu, je resterai dans la littérature. Je chroniquerai au jour la
journée. J'entasserai prose sur vers, en des critiques,
en des nouvelles, en des romans, en des poèmes...
Sage, je le deviendrai, par obligation, puisque ma
jambe le veut, puisque le rhumatisme me cloue au
mur ; puisque enfin c'est fini l'été de la Saint-
Cochon... Poète, je le resterai ; ça ne rapporte pas,
mais un pommier ne se corrige pas de produire des
pommes ! Rêveur, je le resterai, puisque je l'ai toujours été. Et bientôt, je lancerai un volume de vers
à réjouir les âmes catholiques : *Amour* ; presque
aussitôt suivi d'un autre : *Parallèlement*, où je jet-
terai en tas tous mes instincts pervers ».

Et l'on aurait en vain cherché sur le visage du
discoureur, redevenu juvénile malgré ses quarante-
deux ans, la moindre trace d'irrésolution, de doute
de tenir les fermes propos énoncés.

Grâce au régime hygiénique imposé au pension-
naire, les stigmates des vieux péchés s'effaçaient de
son masque socratique. La candeur de l'innocent, la
sérénité du juste se reflétaient comme en un miroir
sur sa face apaisée. Un volcan d'idées saines, de
louables projets s'allumait sous son crâne, et re-
donnait à son regard des éclairs de génie.

Affranchi du joug des passions malfaisantes, il

dispose maintenant du libre exercice de ses facultés

morales. Et, avec une admirable opiniâtreté il
s'acharne au travail, dès que la souffrance physique
lui laisse un instant de répit. Le réveil n'emporte
plus ses résolutions de la veille. Il revêt un à un des
formes merveilleuses de son style, les rêves, les impressions, qui viennent tour à tour effleurer sa
pensée. Vanier, autorisé par faveur à visiter son
auteur en dehors des heures prescrites par les règlements, le trouve fréquemment occupé à écrire au lit
en se servant comme buvard d'un numéro de journal. L'éditeur, rempli de sollicitude pour le malade,
lui apporte des livres, des coupures de journaux l'intéressant, et, dons encore mieux agréés, il lui remet
de l'argent contre de la copie destinée aux *Hommes
d'aujourd'hui* et à des ouvrages en préparation.

Au commencement de septembre, une amélioration sensible est constatée dans l'état de santé du
poète. On le libère. De nouveau, ses promesses de
bonne conduite s'enfuient au pays de l'oubli. et
pauvre Lélian, « coiffé d'un chapeau mou. vêtu
d'un carrik qui lui donne une vague ressemblance
avec un chanteur des rues promène sa misère au
quartier latin, de café en café, le plus souvent au
Soleil d'or, à *Cluny* ou au *François I*er. La nuit, à
des heures indues, il regagne clopin-clopant une
chambrette d'hôtel garni, aux entours du Panthéon.

En moins de deux mois de cette existence, le
rhumatisme sauveur du bohème nécessite un retour
à l'hôpital.

L'Assistance publique renvoie cette fois à Broussais le récidiviste.

Verlaine n'a guère flatté la description de cet immeuble. « L'extérieur ressemble passablement à quelque abattoir ; dedans c'est l'architecture d'une chapelle méthodiste. Cependant on s'y fait, écrivait-il. » Il s'y faisait tellement, qu'il appréhendait le moment d'en sortir. Cette crainte se manifeste dans la lettre ci-dessous.

Paris, 13 janvier 1887,

Hôpital Broussais, lit n° 6, salle Follin.

« Mon cher Vanier,

« Ci-joint deux poèmes, l'un pour *Amour*, l'autre pour *Parallèlement*. Veuillez les classer. Encore deux cents vers et ces livres sur lesquels je compte beaucoup seront terminés. Vous pourriez déjà les annoncer sur vos catalogues et vos couvertures.

« Mes *Nouvelles* et *Mémoires* marchent. Et cette *Madame Aubin* et *Les Uns les autres*, voilà qui me ferait du bien, si joué bientôt. Voyez-vous mèche ?

« Ma santé se rétablit. Il y a trois semaines, on m'a parlé de trois mois d'hospice. Ça me mènerait vers Pâques. Mais voici un nouveau docteur. Me tiendra-t-il aussi longtemps ? D'ailleurs, si j'étais *assuré* au point de vue financier, je préférerais sortir avant et me soigner chez moi. Le traitement serait très simple et point coûteux. Mais voilà, il me faudra quelque assurance ?

« La vie va m'être dure. Et pourtant si la malechance me lâche, j'ai idée que je puis m'en sortir — *tel que je me con* nais — dignement. La pauvreté ne m'effraie pas avec la santé. Je ferai mon œuvre littéraire courageusement, tout en garantissant mes vieux jours, si possible. Quant à mon fils, la dignité même, la très grande dignité de ma vie me le rendra quelque jour. J'ai été extrèmement sérieux de 1875 à 1880, ayant des sous. Pourquoi ne le redeviendrai-je pas, quand tout m'y pousse, intérêt et gloire et affection naturelle si douce.

« Pour cela, je dois être aidé. Je compte sur vous, libraire, et comme libraire sur vous, ami. N'est-ce pas ? Et vous verrez quel homme je puis être, net, fier et tout !...

« L** s'occupe toujours de ma créance. Cette dernière est bonne. C'est un dépôt de neuf cents francs, garantie de solde du prix d'un bien vendu en 1882 et remboursable par le notaire au 15 novembre 1887 — avec intérêts à 4 1/2 pour cent. — Je perdrais, s'il le fallait, l'intérêt et même, toujours s'il le fallait, quelque chose en outre. Ça me ferait tellement de bien ? On dit qu'il est des gens d'affaires qui achètent ces sortes de créances ? En connaissez-vous un à défaut d'un acquéreur amiable ! Indiquez-moi bien vite ce sauveur !

« Autre question qui me rend et ne devrait pas cependant me rendre perplexe. A deux lettres à mon propriétaire consécutives à votre visite du mois dernier, lettres par lesquelles je lui demandais le montant approximatif de mon compte avec lui, je n'ai pas reçu de réponse. Il me doit de l'argent, et j'ai livres, manuscrits, effets d'habillement chez lui ; et ma chambre court tandis que je lui disais que si je devais rester encore deux mois ici, je préférerais louer chez lui un cabinet de débarras. Ainsi il ferait en mon absence ce qu'il voudrait de ma chambre ainsi débarrassée. J'ai peur pour mes vêtements, pour mes tableaux, mes livres, mes papiers. Je lui ai offert également par lettre de ravoir sa clef... Enfin — procédé mal poli à part — je suis inquiet. Est-il seulement encore là ! car que signifie ce silence ? Que faire, que

me conseillez-vous ? Je n'ose vous prier d'y aller sous pré-
texte d'acheter mes livres, auquel cas je vous donnerai la
clef de la chambre...

« Et nous, voyons ! sommes-nous pour faire des affaires ? De
même que je vous demandais plus haut d'être ami comme
éditeur et réciproquement : je vous promets, moi, d'être ami
comme auteur et *vice versa*. Mon nom, à présent, est bon.
Profitons-en, que je ne meure pas trop de misère d'ici quelque temps, et qui sait ! nous gagnerons peut-être pas mal
d'argent.

« Répondez-moi en détail, en m'envoyant journaux. Si vous
pouvez venir me voir, ce sera avec grand plaisir que je vous
serrerai la main.

« Tâchons donc de savoir, avec beaucoup d'adresse, ce que
devient cette cour Saint-François, où j'ai tout ce que je possède « de bien au soleil ! »

« Sur ce mot *rigolo*, je vous serre la main bien cordialement. »

La correspondance de Verlaine en janvier 1887
dénote chez lui d'incessantes préoccupations d'argent.
La poésie ne l'absorbe plus au point de neutraliser
ses notions de l'arithmétique. Il se passionne même
pour la comptabilité, et dans une lettre humoristique
qu'il mande à son cher éditeur, le 26 de ce mois, il
récapitule ses recettes et ses dépenses, depuis le jour
où, sa mère morte, il est resté « son caissier ».

A l'actif, il porte ceci :

de mon héritage par ma mère après
    tout décompte par suite de
    l'acte de ma femme du
    25 janvier 1886. . . . . 3,500 frs.

de mon héritage d'une tante,
décédée à Arras. Immeubles. . . . .   1.500 frs.
actions ou obligations de l'Est
(je crois ou d'ailleurs), environ . . . .   700 frs.

                              Total.   5700

Au passif :

Service de ma mère, enterrement,
  dépenses de nourriture et diverses. . .   1.580 frs.
Tombeau au cimetière de Clichy. . . .   800 frs.
Frais d'enregistrement de la suc-
  cession de ma tante. . . . . .   140 frs.
Note du médecin, draps pour
  ensevelissement de ma mère. . . . .   300 frs.
Voyage à Arras, et frais. . . . .   250 frs.
Mes nourritures et logement
  5 fr. par jour, pendant un an. . . .   1.825 frs.

                              Total.   4895

« En soustrayant le passif de l'actif, il me semble.
— écrit avec une inaltérable bonne humeur le poète
miséreux, — qu'il devrait me rester 805 francs, sans
même tenir compte de l'argent reçu de vous, en
outre !... Eh bien ! j'ai beau tourner et retourner
mes profondes, je n'y trouve pas un maravédis. »

XI

Aux approches du printemps de 1887, Verlaine
fut contraint de renoncer au bien-être de l'hôpital
Broussais. Son état de santé, bien que pitoyable fut
jugé par la Faculté meilleur que celui des mori-
bonds, inscrits pour entrer dans cet asile. A l'hospice, la place n'est pas au premier occupant, elle
est au plus souffrant.

Dès sorti, le poète déambula chez Vanier. L'éditeur du quai Saint-Michel eut à soutenir une attaque
vigoureuse dirigée contre son porte-monnaie. Las
de la lutte, il consentit à la publication d'une édition
nouvelle des *Romances sans paroles*, et paya sur le
champ à Verlaine les droits d'auteur afférents à
cette réimpression.

La véritable édition princeps des *Romances sans
paroles* avait été, — mes lecteurs s'en souviennent
— publiée à Sens, en 1874. sous la surveillance de

M. Edmond Lepelletier. Tirée sur papier légèrement teinté, avec couverture bleue, elle porte l'entête de Maurice Lhermitte. Les caractères utilisés pour la composition sont des italiques de corps 9.

Les exemplaires de cette édition ne furent pas mis dans le commerce. L'auteur en reçut cinquante ; et le reste fut adressé à titre gracieux à des journalistes, des éditeurs et des amis personnels du poète.

Malgré les nombreuses défectuosités de l'impression et du tirage, les rares exemplaires de cette édition première des *Romances sans paroles*, ont atteint, en librairie, des prix démesurément élevés.

La réimpression de ce livre par Vanier eut le succès de curiosité d'une première édition. La Presse qui avait fait autour de la plaquette de Sens la conspiration du silence lui consacra de longs et nombreux articles.

Selon l'appréciation de Verlaine, les *Romances sans paroles* constituaient son volume le plus original. Il s'est révélé dans ce recueil, paysagiste admirable, en peignant à l'aide de quatre vers les plus vastes planées de la Belgique. Ailleurs, associant l'art à la fantaisie, il rajeunit les chansons populaires du siècle dernier, et nous montre François-les-Bas-Bleus s'égayant aux dépens du chien de Jean de Nivelle. Plus loin, des *Chevaux de bois* qui tournent, tournent et retournent, lui inspirent la poésie la plus fantastique de la langue française. Des documents autobiographiques sont jetés avec une sincérité intense et puissante, dans bon nombre de ces pièces. L'étrangeté voulue des rimes rivalise dans ce livre d'un raffinement extraordinaire, d'une délicatesse merveilleuse de style avec l'inattendu des rythmes.

Mais, les monomanes outranciers de classification littéraire qui se sont enhardis au point de classer l'auteur des *Romances sans paroles* parmi les poètes décadents n'ont assurément pas daigné lire ce livre. Le fond de classicisme endurci qui persiste d'ailleurs dans l'œuvre entier du Maître perce, là, plus qu'en nul autre de ses volumes.

En Verlaine, l'homme privé s'est soustrait à bien des règles sociales, le poète s'est presque toujours respectueusement incliné devant les règles de la prosodie. Les Décadents et autres fauteurs d'innovations en littérature n'ayant pu l'enrégimenter ont pris l'excellent parti d'inscrire son nom en vedette sur les drapeaux de leurs écoles. S'il n'a jamais publiquement protesté contre cet excès d'honneurs, il a maintes fois dans sa correspondance intime et dans ses conversations trahi son profond scepticisme à l'égard de la marchandise poétique de création récente qu'on couvrait de son pavillon.

Les quelques louis d'or attribués au poète pour la réimpression des *Romances sans paroles* ne cliquetèrent pas longtemps dans son gousset. Bientôt le besogneux tâcheron intellectuel qu'était Verlaine souhaitait comme terme à la misère présente, une recrudescence de sa maladie légitimant sa rentrée à l'hôpital.

Le docteur Ch. Nélaton avisé de la détresse du poète se chargea d'exaucer ce vœu.

« J'ai reçu votre lettre — écrivit en mars 1887, cet éminent praticien — me priant de vouloir bien faire entrer à l'hôpital M. Verlaine que j'ai eu l'occasion de soigner cette année à Broussais.

« La chose est des plus simples, mais il faudrait pour cela que le jour où M. Verlaine voudra entrer à l'hôpital, il vint me trouver à une heure (les mardi, jeudi et samedi) à l'Hôtel-Dieu. »

Ainsi, à défaut du Destin, la Faculté prodiguait ses faveurs au pauvre Lélian.

Avant d'user des dispositions obligeantes du docteur Nélaton, Verlaine se préoccupe de soutirer à son ami Vanier un peu d'argent de poche. Le billet qu'il lui adresse le 20 mars, est digne de passer à la postérité.

« Mon cher Vanier,

« Voici !

« Je pense rentrer dans un hospice, et vais m'en occuper demain. Serez immédiatement prévenu d'ailleurs de l'endroit. Seulement, je veux être un peu respectable en me « constituant ». Une paire de chaussettes, enfin ! et un chapeau vraisemblable ne feraient pas mal dans ce paysage triste. De plus, au lieu de 3o francs de loyer pour avril, quelques frais de déménagement immédiats bien entendu et quelques sou pour premières dépenses d'installation ; — bref, envoyez ou apportez-moi (envoyez plutôt par mandat) tout le possible, le plus tôt possible. Car cette situation de petites dettes, d'égards tout juste, etc., m'ennuie, sans compter l'horrible fatigue de garder la dignité à ces prix-là : faim et froid.

« Enfin ! on va pouvoir travailler. A vous, et envoyez « galette » tout de suite, — pas ? »

Deux jours après, Verlaine, convenablement chaussé et coiffé, se « constituait » à *l'Asile National* de Vincennes. On le logea dans la galerie Argand, chambre n° 1, lit n° 2.

Dès que fut divulguée la nouvelle adresse du Maître, les lettres et les visiteurs y affluèrent.

Forcé par les besoins du récit, j'exhibe de la volumineuse correspondance alors reçue par le malade, une lettre fort intéressante, signée de M. Stéphane Mallarmé,

                    Paris, 2 mai 1887.

        « Mon bon ami,

« Vous pensez bien que le désir de vous témoigner autre chose qu'une vieille et inaltérable amitié ne m'a jamais tracassé : c'est bien assez déjà que la déplorable existence ne me permette pas de vous prouver de plus près cette affection.

« La note des *Écrits pour l'Art* disait notre gracieux éditeur qui, faisant paraître contre mon consentement un portrait sot dans les *Hommes d'aujourd'hui* s'est gardé de me communiquer les épreuves de ma prose et de mes vers... A vous, cher Verlaine, je renouvelle les remerciements, de jadis, à la lecture de vos deux belles pages qui, là, me sauvent l'honneur.

« Quoi ! vous voici rentré à l'hôpital et je vous y vois supportant l'ennui avec votre admirable joie d'être d'abord vous-même ; mais vous n'êtes pas du reste plus malade, n'est-ce pas ? Ma première minute libre sera pour vous aller serrer la main. Je sors d'une bousculade de travail retardé par une recrudescence de mon réel état d'insomnie : elle ne m'a pas permis de vous répondre seulement tout de suite. Aussi c'est que je voulais avoir des nouvelles certaines de l'enfant. J'ai fait une petite enquête parmi les écoliers qui furent ses condisciples, sûr de plus de confiante loquacité qu'en consultant les personnes officielles. Il n'est plus au collège, croyez-le bien... pour quelle autre pension l'a t'il quitté ?. .   .   .

.   .   .   .

Je suis chagrin d'être aussi incomplètement au courant de ce qui si fort vous intéresse, mon pauvre ami ; mais ne vois tellement personne que j'ignore même quand il serait bon de savoir. »

Ce n'est pas pour la critique aigre-douce qu'elle contient à propos d'un *sot* portrait, fort ressemblant du reste, paru dans les *Hommes d'aujourd'hui*, que j'ai publié des extraits de la lettre de M. Stéphane Mallarmé, lettre rédigée en un style très intelligible, contrairement aux procédés littéraires de cet illustre écrivain. C'est pour le témoignage irréfutable qu'elle apporte d'un brusque réveil de l'amour paternel dans le cœur de Verlaine.

Dans l'Asile où tout concourait à l'adoucissement des maux physiques de l'homme, une douleur morale venait soudain torturer le père. La pensée d'un fils, l'âpre besoin de savoir où il vivait, où et comment il était élevé, un impérieux désir de le voir, de l'embrasser, de sonder son âme pour connaître si l'on n'y avait pas semé des ferments de haine ou de mépris contre le père absent, hantaient comme un obsédant cauchemar le cerveau valide de l'infirme. Sa mémoire aiguillonnée par le cœur revoyait au diorama du passé, ce bébé, lointain gage d'amour conjugal, grandi maintenant, et qu'un récent jugement en divorce, rendu d'après la loi du célèbre Naquet, et nullement à l'imitation du sage Salomon, avait confié à la garde exclusive de l'inspiratrice de la *Bonne chanson*. D'irréductibles instincts de paternité tourmentaient le poète et l'incitaient à crier à tous sa douleur de ne pouvoir étreindre sur son cœur son enfant, lambeau de sa chair à qui, à défaut de fortune ou de nobles exemples, il prétendait sans forfanterie devoir léguer un nom auréolé de gloire littéraire.

Aucun verdict n'avait frappé Verlaine de déchéance paternelle ; et ses droits à voir et embrasser son fils lui semblaient agrandis en raison des épreuves adverses qu'il subissait.

A sa prière, de généreux amis intercédèrent auprès de la mère pour obtenir son consentement à laisser l'enfant visiter le père. L'éloquence de ces messagers se brisa contre la dureté de roc du cœur de cette femme. Non seulement elle n'autorisa pas une entrevue, même devant témoin, entre le fils et le père ; mais elle s'obstina à ne pas dévoiler l'adresse du collégien. Songez donc ! cette adresse connue,

ne serait-il pas trop aisé à Verlaine d'envoyer à l'en
fant une lettre imprégnée d'affection, sollicitant d'un
fils inoublié et chéri une réponse affectueuse,
quelques lignes de consolation et d'espoir !

La rancune s'implante en pieuvre aux tentacules
indéracinables chez certaines femmes et leur suggère des raffinements inouïs dans la persécution de
l'être qu'elles haïssent, après l'avoir trop aimé.

Si, dans l'avenir, le Féminisme triomphant ar
bore son drapeau au fronton du pouvoir, le recru-
tement du bas personnel, exécuteur des arrêts de la
justice, deviendra chose facile. La femme-huissier,
la femme-geôlier, la femme-bourreau, habilement
sélectionnées parmi les victimes de l'amour, appor-
teront dans l'exercice de ces métiers répulsifs des
qualités professionnelles supérieures à celles de leurs
prédécesseurs du sexe fort.

Le pardon, vertu plus élevée, plus noble que la
charité, n'habite que les âmes frappées au sceau de
la véritable grandeur. Et, dans le différend soulevé
entre les ex-conjoints se disputant l'affection d'un
fils, ce fut Verlaine qui pardonna.

Mais la Vérité n'a plus, à notre pudibonde époque,
le droit de jaillir toute nue du fond d'un tombeau.
Il lui faut un masque, un faux nez, un déguisement, sinon elle offenserait, elle rapetisserait dans
l'estime publique des survivants du glorieux défunt.

En voulant d'ailleurs la saisir de l'autre côté du
mur de la vie privée, je risquerai de culbuter sur

les bancs de la correctionnelle. Pareille chute n'est pas de mon goût.

Il ne m'est pas interdit d'écrire cependant, que la privation de la vue de son fils, mesure inhumaine s'il en fût, exerça sur la santé de Verlaine une influence désastreuse. Son mal empira et nécessita, en mai 1887, son transfert de l'Asile des Convalescents de Vincennes à l'hôpital Cochin, salle Boyer, lit 13.

Il en sortit le 16 mai, pour être dirigé de nouveau sur l'Asile des convalescents.

Réglementairement, le séjour des hospitalisés dans ce dernier établissement est limité à quinze jours. Heureusement, il y a sur la terre des accomodements avec les règlements. La lettre ci-dessous adressée de Vincennes, le 17 juin 1887, par Verlaine à Vanier, en fait foi.

« Mon cher Vanier, voici une lettre pour H... Après avoir pris connaissance de ce remarquable morceau, vous voudrez bien coller l'enveloppe et faire parvenir.

« Situation bizarre. Jusqu'à présent, je suis prolongé *sans payer* ; toujours ça ; mais c'est de l'indécision. Aussi, j'attends...

« Quant à la publicité, qu'avons-nous de tout prêt ? Les *Romances sans paroles*. Dès parues, envoyez-m'en deux ou trois exemplaires, pour cadeaux ici, aux personnes de mon entourage qui s'intéressent à moi, vous comprenez. Puis, je crois me rappeler que vous pensez aux *Maudits*... Puis, n'est-ce pas, en route pour *Amour* ! *Parallèlement* après, ou pendant ? qu'en dites-vous ? »

« Temps, aussi, de faire un traité relatif à *Parallèlement* : est-ce votre avis immédiat ? Moi, les règles en règle, je ne connais que ça. On peut *crapser*. Quant aux biographies, nous en avons encore d'inédites. Je suis à celle de France (Anatole). Si nous nous occupions de Mérat, de Cros, et de Ricard ? Quant à Lafenestre, Theuriet et Lemoyne, je voudrais bien avoir quelques-uns de leurs recueils.

« En attendant je versifie toujours *de paupertate*. Du Plessys a même dû vous remettre le sonnet VIII pour *Bonheur*. Vous aurez également bientôt un sonnet pour *Amour* qui dès lors sera clos et arrêté. »

« Voilà tout pour le moment. Dès qu'il y aura du nouveau dans ma situation ici, aurez détails. — Partout, j'escarmoucherai de mon mieux contre la guigne. Il n'est pas jusqu'à ce roman pour la *Revue Indépendante* que je n'aie entamé.

« Tâchez de me venir voir un de ces jours et de m'écrire si, de votre côté, vous avez du nouveau à m'apprendre. »

Vraiment, l'ardeur au travail de ce rhumatisant cloué sur un lit d'hôpital par la maladie et proie vivante de la douleur morale est aussi digne d'admiration que la diversité et le fini d'exécution des sujets élaborés. A quelles hauteurs d'où la réalité n'est plus visible, le rêve élevait-il ce miséreux, dépourvu d'amour et de bonheur pour qu'il accordât sa lyre au diapason de ces sublimités : *Amour* et *Bonheur*?

D'autre part, combien transpare, entre les lignes de la précédente épître, un Verlaine inconnu, un bohème régénéré, un homme d'affaires, enfin, soucieux de ses intérêts, ne connaissant plus que les règles.

Cette lettre de l'hospitalisé de Vincennes est l'une

des pièces à conviction que les amis de Léon Vanier
peuvent placer sous les yeux des malintentionnés

amis de Paul Verlaine, aujourd'hui conseilleurs et
non payeurs sans doute de la querelle d'allemand
cherchée par l'héritier de Verlaine aux héritiers de

Vanier. Elle porte un premier coup de bélier formi-

dable à l'échafaudage de mensonges, entassés en

vain, pour insinuer dans l'esprit des juges que les traités intervenus entre Verlaine et Vanier furent signés par le premier de ces contractants dans un état complet d'ébriété. La boisson ordinaire des pensionnaires de l'asile national de Vincennes est de l'eau rougie.

Qui donc oserait insulter à la mémoire de Verlaine, en alléguant que cet illustre assoiffé ne résistait pas à l'ingurgitation de plusieurs verres de ce breuvage, additionnés de bols d'une adoucissante tisane et de tasses d'un inoffensif coco?

La voix des morts, ou mieux leurs écrits éclairent au grand jour des audiences la conscience des magistrats mieux que la voix, que les serments même des vivants. Les mélodrames à la Paul Féval n'ont pas le privilège exclusif des scènes pathétiques où le mort a parlé.

XII

En départissant à Verlaine, en toute propriété :
« une ankylose du genou gauche, consécutive à une
arthrite rhumatismale », la Nature avait agi en
mère prévoyante. Sans ce talisman, sorte de sésame
ouvre-toi des portes des hospices, la vie implacable
pour ce miséreux l'eût mis dans la troupe des vagabonds affublés de sombres haillons et lui eût prodi-
gué l'outrage après la prison, la pauvreté après
l'exil, la faim après la soif trop assouvie. Grâce à
cette amulette, le glorieux infirme était le bienvenu
dans les hôpitaux.

— Entrez ici, mon cher monsieur Verlaine, dit
au poète, le 14 juillet 1887, du ton le plus engageant
et le plus courtois, M. le docteur Berger, médecin
à Tenon. Vous vous y reposerez quelques jours,
puis irez à Vincennes.

— J'en viens...

— Eh bien, alors, vous y retournerez.

Et, en enfant chéri des internes et des infirmiers, l'ankylosé fut installé dans la meilleure salle de l'établissement ; salle Seymour, lit n° 5. On lui accorda toutes les facilités compatibles avec le règlement pour lui éviter une interruption dans le cours de ses chères études, lecture assidue des nouveautés littéraires, rédaction de manuscrits en vers et en prose.

Aussi malin que Victor Hugo s'était montré malin vis-à-vis de lui, Verlaine, pratiquant le dicton : « tout flatteur vit aux dépens de celui qui l'écoute », émit alors dans la biographie d'Anatole France, qu'il rédigea pour les *Hommes d'aujourd'hui*, la thèse, chère aux jeunes ascensionnistes du Parnasse : tout est bon qui est bon n'importe comment. Habilement, il jetait à l'appui de sa théorie un tas de noms propres d'auteurs, que l'amour-propre gonflait en outres, du chef de semblable citation. D'autre part, il pressait instamment son ami Jules Tellier de lui amener le célèbre critique Jules Lemaître, en train d'élucubrer l'étude sur les poètes symbolistes et décadents, qui devait paraître en janvier 1888 dans la *Revue Bleue*.

« Ce sera un petit coup de commerce » — écrivait Verlaine faisant allusion à la visite du critique et à l'article qui la suivrait. Cependant, dans la même lettre où je relève ce propos, le pauvre Lélian, n'ayant plus foi en la littérature, manifeste des

velléités de briser sa plume ; il supplie son correspondant de lui procurer une place quelconque, fût-
ce dans la triperie, et en cas d'insuccès de le re-
commander chaleureusement à certain secrétaire de
l'Assistance publique, comme un incurable intéressant, à oublier à Laënnec.

La recommandation sollicitée aboutit à faire
réadmettre, en août, le malade à l'Asile National de
Vincennes, galerie Argand, chambre 5, lit n° 13.

Suivant l'usage, on répartit à chaque convalescent entrant divers effets d'habillement : paire de
chaussettes, espadrilles, chemise, bonnet de nuit,
paletot-sac bleu de Prusse, calotte de drap même
couleur », mais on néglige de lui fournir un pantalon, un indispensable, dirait une miss en grimaçant
un geste de pudeur effarouchée.

— Alors, tout convalescent est considéré comme
possédant un pantalon ? interroge Verlaine.

— Mon Dieu, oui ! lui est-il affirmé.

Un mensonge sourdit spontanément de l'âme du
poète. Il prétendit avoir oublié son « grimpant »
dans son appartement de Paris. En réalité, il ne
possédait plus ni logis, ni pantalon. Il s'empressa
d'écrire à Vanier et supplia ce véritable ami de lui
expédier d'urgence un pantalon de toile gris foncé,
à 3 francs.

L'invraisemblance infirme cette anecdote. Nous
avons cru devoir la confirmer par la reproduction
de la lettre où Verlaine y fait allusion.

En gueux, ou mieux en hidalgo dont la fierté

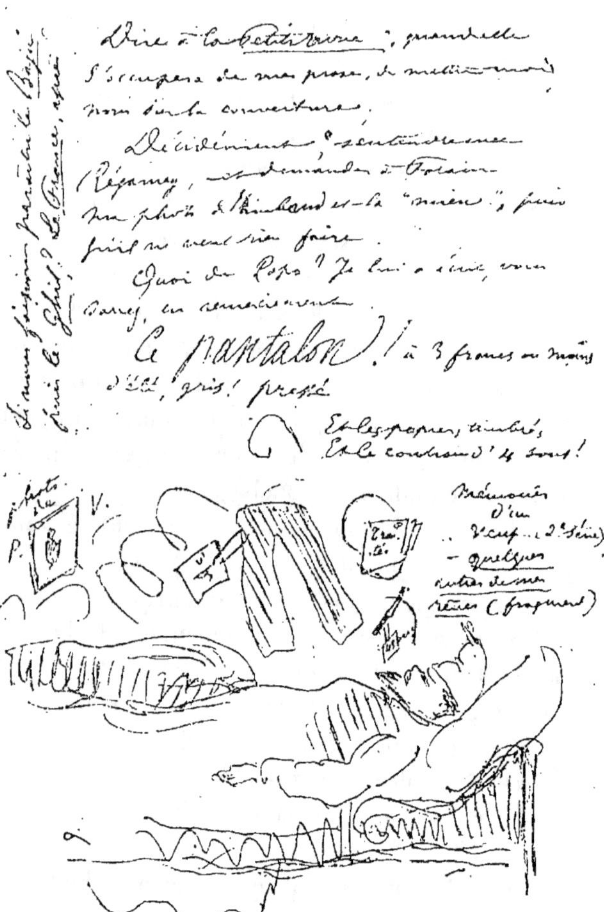

croît en raison directe de la misère, l'assisté de Vincennes prenait mal les plaisanteries aigre-douces qu'on lui décochait dans la presse. C'est ainsi qu'il s'insurgea contre un article paru dans le *Mot d'ordre*, le 23 août 1887, sous le titre « Les accidents de Verlaine » et signé : Germinal.

— « Comme il se trouve que ce Verlaine, — répondit-il avec une injonction d'insérer — ne doit sa présente pauvreté qu'à une série d'indélicatesses légales et autres, ouvrées à son détriment, dont il a toujours supporté les conséquences en toute dignité, permettez-lui de protester hautement contre quelque chose qui pourrait ressembler à une insinuation attentatoire, à son honneur.

« Il n'a plus guère sous le soleil que sa misère, mais il tient à ce qu'elle soit respectée. »

Quelle colossale naïveté ! Demander à quelqu'un, à une époque où le respect est banni, de respecter la misère, c'est-à-dire la seule chose qui de tous temps engendra l'indifférence ou le mépris.

Le *Mot d'ordre* n'inséra pas la protestation, d'ailleurs platonique du poète. Celui-ci n'insista pas. A l'école du malheur, il avait appris aussi la résignation. Grâce au régime hygiénique des hospices, le bohème était sevré du péché d'intempérance, et son cerveau valide concevait le néant et le don-quichottisme de certains polémiques.

Durant le mois d'août 1887, des pluies persistantes interdirent aux hôtes de l'Asile National les flâneries rêvassières et les fatidiques parties de boule au jardin. Verlaine chercha dans le travail un refuge contre l'ennui. Prenant à cœur de se révéler *homo duplex*, de prouver qu'il était apte à pincer sur la lyre des refrains de gaudriole après des chants liturgiques, il mit sur le chantier le volume *Parallèlement*, antipode de *Sagesse*. Comme intermède ou labeur de composition, il répétait le rôle, cher à Victor Hugo, de bénisseur des aspirants à la gloire.

Ses épîtres de remerciement et de critique aux débutants qui l'honoraient de l'envoi d'un livre ne rivalisent pas pour la préciosité du langage avec les lettres de Mme de Sévigné. Il en est de réellement drôlatiques.

Au fait, pour les biographes, le secret professionnel est un mythe. La publication de ces lettres ne peut être nuisible à la notoriété des destinataires ; et mes lecteurs m'en sauront gré.

En voici deux prises au hasard, dans le tas :

> Asile national de Vincennes. Galerie Argand, chambre 5, lit n° 13. [Public admis jeudi, dimanche et fêtes de midi à 4 heures].

> Août 1887.

« Mon cher Kahn,

« Tellement bousculé par affres de toutes sortes, ce mois-ci, qu'il m'a été comme impossible de répondre à l'envoi de vos *Palais nomades* comme fallait. Les mêmes excuses existent toujours, plutôt se fonçant, mais il finit par me tarder de

vous envoyer mes meilleures et très sincères félicitations sur
ce volume qui datera.

« J'adore beaucoup de vos pièces et non des moins hardies
dans l'*envoyage* faire foutre des rimes minutieuses et des
compteries par trop sur les doigts. Cela dit, je n'en reste pas
moins pour les règles très élastiques, mais pour les règles
quand même. Mais pourquoi, comme d'aucuns, me fâche-
rais-je contre vous ? Ce qui est beau et bon est beau et bon
parce que et quoique. Voilà je pense une formule à n'embêter
personne, et ce serait la mienne... si j'en avais. Et puis, dans
ces Palais, que de subtilités de langue et d'heureux raccour-
cis et d'amusantes redondances ! Bravos et bis et ter et... in-
desinenter !...

« Il paraît que vous avez vu dans la rue Tronchet (on a dit
Tronchet), une ou deux affiches à la main avec mon nom dessus,
qu'on recommandait pour des besognes. Je suppose bien que
vous n'avez pas cru un instant que je fusse pour quelque
chose dans cette « publicité ». Farce détestable ou « service »
cru rendu, je me perds en conjectures à propos d'une telle
lunerie.

« Vanier m'a dit que vous lui aviez dit avoir suggéré à Du-
jardin l'idée de me demander un roman pour la *Revue indépendante*. Je vous en suis bien reconnaissant : mais je ne
puis rien donner s'il ne m'est fait une avance d'argent. Dans
la situation atroce où je me trouve, j'ai absolument besoin
de cet *incitamentum* . . . .

 . . . .

« Vous qui êtes, je crois, algérien (je suis lorrain ayant
opté), ne pourriez-vous pas m'indiquer des voies de protection auprès de quelque société Alsace-Lorraine ? Ecrivez-toi,
n'est-ce pas, à votre cordial,

« P. VERLAINE. »

Paris, août 1887.

« Mon cher de Régnier,

« Vous connaissez la nature des préoccupations peu littéraires qui m'empêchent trop souvent d'être aussi ponctuel que je désirerais de l'être, et me ferez crédit des quelques mois, c'est honteux ! que j'aurai mis à répondre au don de vos *Sites*.

« Ce dernier volume, vôtre, marque une évolution bien sensible dans votre manière. La belle sérénité juvénile a disparu : en se virilisant de plus en plus votre talent prend des accents profonds et amers qu'une forme irréprochable sait magistralement retenir dans le ton. Bravo de nouveau et de nouveau. Il y a tels de vos sonnets que je préfère aux autres. Peu, car l'ensemble est très bien, exquis et fort et d'un « symbolisme » héroïque des plus nobles et des plus plaisants.

« Laissez-moi toutefois admirer surtout les numéros VI, VII, XI qui vénèrent plus particulièrement la bête, la bonne, la sainte nature, et puisqu'il le faut ! ce n° III.

« J'ai véritablement longtemps réfléchi à la demande de Griffin d'un « exposé de principes » concernant l'art des vers, etc. Je n'ai pu tirer de ma conscience que cette conclusion : Tout est bel et bon qui est bel et bon, d'où qu'il vienne et par quelque procédé qu'il soit obtenu. Classiques, romantiques, décadents, symbolos, assonnants ou comment dirai-je ? obscurs exprès, pourvu qu'ils me foutent le frisson ou simplement me charment, même et peut-être surtout sans que, comme le Dindon de Florian, je sache bien pour quelle cause, font tous mon compte. Allez, poètes que nous sommes, aimons-nous les uns les autres, cette maxime n'est pas plus bête en art qu'en morale et je crois qu'il faut s'y tenir. Telle ma théorie mûrement délibérée.

« A vous bien cordialement. Venez donc me voir un de ces jours. Je suis un peu nulle part maintenant, mais j'espère

bientôt me fixer en quelque vraisemblance... Vanier saurait
toujours où on me trouve et trouvera.

« P. VERLAINE. »

Ainsi, dès 1887, Verlaine maniait en maître le
goupillon dispensateur d'eau bénite, ce sceptre des
rois des poètes. Contre l'envoi dédicacé d'un sonnet, il mandait une lettre, longue au moins d'une
page. Victor Hugo se contentait d'adresser une carte
de visite apostillée d'un adverbe. En échange d'un
volume entier de vers, Lélian se fendait d'une épître
d'un minimum de deux pages. Et toujours il glissait
entre ses lignes émaillées de louangeuses épithètes,
le nectar savoureux de la formule fameuse : « tout
est bel et bon qui est bel et bon » ; etc.

En semant la louange, il savait récolter l'éloge.
Ses correspondants, par reconnaissance, imposaient
son œuvre à l'admiration des lecteurs des revues et
journaux hospitaliers à leur copie.

Leconte de Lisle, le grand Lama du royaume
des poètes d'alors, taxa, dans un accès de jalousie,
de crime de lèse-majesté, les procédés de bénisseur
outrancier usités par Verlaine. Une haine profonde
sépara bientôt ces deux glorieux poètes, dont l'aîné
avait naguère encouragé les premiers pas du plus
jeune sur les flancs escarpés du Parnasse. La sublime maxime : Aimons-nous les uns les autres,
est souvent oubliée dans la pratique.

Si le critique Verlaine déversait à flots l'ambroisic aux porte-lyres, il réservait le fiel aux prosateurs.

« Vous voulez mon avis sur la *Terre* ? — écrivait-il à un rimailleur, pygmée de lettres jaloux du génois Zola. — Ecœurant et superbe, mais surtout lamentable. Quel triste usage de la précieuse liberté de tout dire ! Puis, même comme paysannerie, que c'est peu observé, superficiel et très souvent ramassé parmi les plus fades lieux-communs. »

N'est-ce pas ici l'occasion de rappeler les lignes qu'Emile Zola devait plus tard consacrer à Verlaine :

« Si la poésie n'est que la source naturelle qui coule d'une âme, si elle n'est qu'une musique, qu'une plainte ou qu'un sourire, si elle est la libre fantaisie vagabonde d'un pauvre être qui jouit et qui pleure, qui pèche et qui se repent, Verlaine a été le poète le plus admirable de cette fin de siècle. »

Au mois de septembre, le médecin en chef de l'Asile National des convalescents délivra d'office un billet de sortie au poète.

Et de nouveau, escorté de tous ceux qui de son amitié veulent se faire une sorte d'auréole, il revient égayer de ses saillies joyeuses les recoins enfumés des tavernes rive-gauchères. Sa calvitie plus marquée a grandi le front généralement haut et large, et découvre un crâne bosselé, comme martelé. Ses yeux, rapetissés sous les sourcils plus drus, apparaissent encore bien vivants, pétillants, frétillants même d'éclat sensuel, quand les brouillards de l'alcool ne les viennent pas obscurcir. Un complet veston, décroché au sortir de l'Asile à la devanture d'un *chand d'habits*, lui donne l'aspect d'un parfait gentleman. Client chéri des garçons de café qui, au courant de ses habitudes, laissent toujours près de son verre la bouteille de Pernod, il a tôt fait d'oublier les salutaires recommandations des docteurs et des infirmiers. Il retrouve pour les filles de brasserie qui lui versent des bocks sans faux-cols des regards méphistophéliques, d'une expression inconnue aux infirmières qui l'abreuvaient de tisane.

A ce régime, son gousset se vide, et son mal s'accroît ; et dès le 26 septembre, il écrit à Vanier :

Salle Follin, lit n° 22, hôpital Broussais, rue Didot, Paris.

Mon cher ami,

« Reçu ici comme l'enfant prodigue. Doux reproches tout au plus. Et arrivé à très bon port en dépit de toutes les « vertes ». Faut dire qu'avant de m'embarquer et après avoir payé l'hôtel, j'avais plantureusement mangé (ce qui, par parenthèse, a fort écorné la médaille de sauvetage dernière). La même surveillante m'a remis ès-mains du même docteur et du même interne qu'en mars dernier. Ceux-ci semblent sceptiques au sujet d'une guérison de ma pauvre jambe. « C'est chronique », fut le dernier mot du Chef, qui néanmoins a ajouté : « Bains sulfureux tous les deux jours et le plus de mouvements possible ; dans trois semaines, s'il n'y a pas d'amélioration sensible, on verra à vous endormir et à essayer d'une opération ». L'opération consiste à plier la jambe de force.

« Cette perspective m'amusa tout juste, car si j'allais changer mon cheval borgne contre un aveugle et avoir une loque, une chiffe, en place d'un poteau ? Aussi bien je n'aime pas beaucoup le chloroforme... Enfin, qui vivra verra...

« En attendant, je vais recevoir 25 francs, pour ma collaboration à une Revue. Je mettrai très précieusement 20 francs de côté pour quand je sortirai, dès le prime jour, me procurer une chambre, une quinzaine... Mais, il me faudra aussi avoir de quoi manger sous mon toit à 20 francs la quinzaine.

« C'est vrai que j'ai fait un impair en ne dépensant pas judicieusement vos argents et les 50 francs de Coppée, mais si seulement il me les avait envoyés directement avec un mot pour moi, ou me les avait remis à la bonne franquette, je crois être sûr que j'en eusse mieux usé et ne me fusse pas trouvé dans des cas à me nourrir avec deux croissants et quelques amers !! D'ailleurs « ma gourme » est jetée. Je vois clair à ma très sombre situation. Je serais un imbécille, alors ! de faire la bête au moment où je vais avoir des chances de réussir... Et puis ma créance de Junéville est bonne ; je vais avoir mes 940 francs. — Moralité : Vous m'aider, et pour ce, bien me dire ce que vous pouvez faire ?

.   .   .   .

« Comme éditeur, je vous envoie 24 vers assez amusants pour *Parallèlement*. Ça finira par faire un *chic* bouquin.

« Terminé Péladan. Rigolo ! Si pouvez me procurer les œuvres de Theuriet et de Lemoyne ? à mon nom, Theuriet et Lemoyne ne refuseraient certes pas, je pourrai faire dès maintenant ces biographies pour *Hommes d'aujourd'hui*.

« A vous cordialement. P'tit mandat, p'tit mandat, tout de suite. S. V. P. ! »

Quinze jours après cette lettre, où Verlaine

avouait avoir pris des « vertes » immodérément,
une feuille périodique prenait assez vivement à parti
l'incorrigible buveur. Des amis complaisants (il
s'en trouve toujours en pareille occurrence), placè-
rent sous les yeux du maître l'article où on le mal-
menait. Il s'en plaignit à Vanier, en ces termes :

— « Je voudrais bien pourtant qu'il fut connu
que je ne suis pas un buveur d'absinthe, non plus
qu'un pessimiste et que je n'ai pas que des velléités
de mysticisme ! Je suis, et je le répéterai à satiété,
un homme au fond très digne, réduit à la misère
par excès de délicatesse, un homme avec des faiblesses et trop de bonhomie, mais de tout point
gentleman et *hidalgo*. Faudra trouver quelqu'un
qui écrive ça. Dame, puisqu'on imprime bien le contraire, qui est faux ! Le contraire, j'entends : « manque de dignité », car celui qui m'attaquerait pour
l'argent, par exemple, aurait affaire à moi. Quant
aux choses de c...œur, ça m'est égal. »

Allons ! décidément, il avait des faiblesses, ce
pauvre Lélian, ne serait-ce que des faiblesses de
mémoire...

Mais sa renommée de grand poète, portée sur
les ailes des canards littéraires volait déjà par delà
les frontières de France. Les « jeunes Belgique »
ardents à relever au pays du faro le sceptre du vers
libre, saluaient en Verlaine, le chef incontesté de
l'Ecole décadente. — Cette méprise est excusable
chez des écrivains qui ne lisent pas — et c'était à

qui d'entre eux enverrait au malade chronique de Broussais un volume de prose ou de vers, à seule fin d'en recevoir un autographe.

Avec les correspondants de l'étranger, le Maître gardait de la tenue. Il choisissait ses mots dans le dictionnaire de l'Académie, et bannissait de ses épîtres d'exportation toute locution triviale. Par un vieux chicot de sens pratique, il poussait la prudence jusqu'à soumettre à Vanier les brouillons de ses réponses, et l'économie jusqu'à laisser à son éditeur le soin de les affranchir.

Je donne ici, comme un modèle de style épistolaire à l'usage des princes des Lettres, l'accusé de réception, transmis par Verlaine à M. Eddy Levis, auteur belge, d'un exemplaire d'*Elaine*.

Paris, 27 décembre 1887.

« Monsieur,

« J'ai lu et relu votre ravissant petit livre *Elaine*. Me voici tout pénétré de son charme intellectuel et cordial. J'en admire la forme chaste, comme de perle et de soie gris perle, précieux écrin, précieux bijou, parure exquise d'une si délicate et forte spiritualité !

« Agréez mes remerciements intéressés, car j'espère fermement en des sœurs d'*Elaine* ; j'entends des sœurs littéraires ! Vous les devez à tout ce qui lit les vers dignes d'être lus et relus.

« Et croyez-moi votre bien obligé et tout sympathique confrère. »

C'est signé : Paul Verlaine ; mais on croirait vraiment que c'est du Victor Hugo.

XIII

Comme étrennes du Jour de l'An 1888, la Di-
rection de l'hôpital Broussais déménagea Verlaine
de la salle Follin pour l'installer salle Parrot, lit
n° 1, au quartier-général des « chroniques ». Cette
mutation équivalait à une promesse de bail à long
terme. Le poète, en locataire qui emménage pour
longtemps, accrut de ses deniers le mobilier réglementaire dont il avait la jouissance. Il acheta
un bougeoir avec abat-jour et un sous-main ;
l'Administration lui fournissait l'encre et les plumes.
Le papier à écrire, et l'on sait combien Verlaine a
écrit, — ne lui a jamais coûté un centime. Ses
manuscrits représentent un tas de papiers des plus
disparates quant au format, à la couleur, à la qualité. Les vers de tel chef-d'œuvre du génial écrivain sont griffonnés indifféremment à la plume ou
au crayon sur des bouts de pages arrachés aux in-

folios de comptabilité de l'Assistance publique, au recto d'ordonnances médicales, de lettres de faire-part, au dos ou par le travers de suscriptions d'enveloppes multicolores, sur des marges de journaux quotidiens ou sur des lambeaux graisseux d'un rude papier jaune ayant primitivement enveloppé de la charcuterie, du beurre ou du fromage.

En revoyant le manuscrit d'*Amour* que Verlaine mit au point, précisément en ce mois de janvier 1888, on se demande en vertu de quelle prodigieuse habileté professionnelle des typographes ont pu en extraire des épreuves ne fourmillant pas de monceaux de coquilles.

Des ratures, des surcharges de mots, des emplâtres huileux et des pâtés d'encre zèbrent chaque feuillet, et nécessitent pour le déchiffrage l'usage presque constant de la loupe. Sur l'ébauche au crayon d'un sonnet, l'auteur retrace à la plume le même sonnet ; mais il n'a cure d'opérer ce repérage de façon à couvrir exactement d'encre la lettre d'abord tracée à la mine de plomb.

On trouve rarement dans les brouillons du poète, un manuscrit aussi net, aussi lisible que celui du sonnet à Léon Dierx reproduit en autographie.

Des circonstances atténuantes plaident, il est vrai, en faveur de l'incorrect gribouilleur. Verlaine travaillait la nuit dans son lit, à la lueur d'une bougie, dont un abat-jour tamisait l'éclat, afin de pas troubler le sommeil des compagnons de salle.

Le jour, il se mêlait volontiers aux commérages de

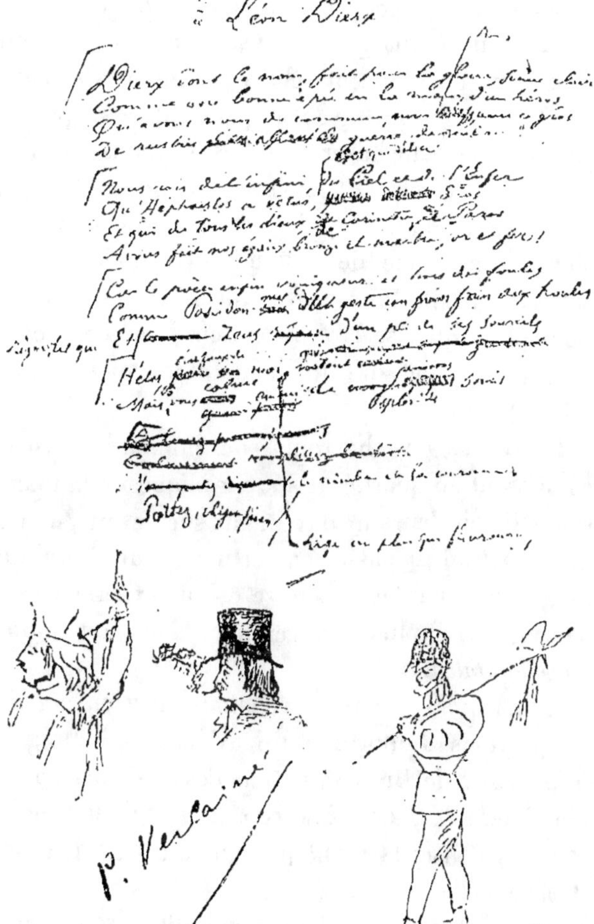

ses voisins, braves gens, tous pauvres ouvriers ma-

lades et qu'il aimait pour leur franchise davantage,
avouait-il, que les amis mondains toujours arti-
ficiels, sous *le masque de la sincérité.* Il se livrait
avec eux aux innocents ébats permis par le règlement. Sans morgue avec les petits, il se surprenait
parfois à les catéchiser. — Ses sermons évangé-
liques, entrecoupés trop souvent de mots à la
Cambronne, d'argot et de jurons blasphématoires,
n'étaient pas une des moindres distractions des
hôtes de la salle Parrot. A d'autres heures, il s'illu-
sionnait jusqu'à se croire heureux, en écoutant le
récit lamentable des malheurs d'un malade plus
misérable que lui.

Des vieux, des chevronnés des hôpitaux parisiens
composent au quartier des « chroniques » la majo-
rité. « Ils ont leurs inconvénients surtout physiques,
mais on les leur passe, en vertu de leur moral qui
ravit par son intacte sagesse et son expérience des
faits », écrivit plus tard Verlaine, dans son volume
Mes hôpitaux.

Il marquait ainsi sa reconnaissance envers des
compagnons d'infortune qui avaient su témoigner
au *briscard* de Broussais, que des visiteurs cossus
qualifiaient de « cher Maître », un peu de la vénéra-
tion des conscrits d'antan pour un vieil Invalide
glorieux.

Les docteurs, par leur amabilité à son égard,
avaient conquis ses sympathies. Mais les élèves, pas
tous. « Il y en a d'affreux, d'abominables, vrai-

ment ! poseurs et grossiers, traitant le malade en véritable prisonnier, en forçat, du haut de leur col cassé et de leur cravate claire à bijou faux, inhumains tout à fait et « insolents », comme dit si bien le peuple, si nerveux, de Paris ».

Le poète met en réserve contre eux un amas de bile rancunière. Il se promet de vouer leurs noms au pilori, en des *Invectives* plus à la Martial qu'à la Juvénal.

Néanmoins, la vie comme monastique de l'hôpital est gaiement acceptée. Verlaine déclare même qu'elle finit par lui apparaître si douce qu'il n'en regrettait plus l'existence d'autrefois, même aux heures prospères. La mise au point du volume *Amour* absorba de longues nuits d'insomnie du poète. S'inspirant des préceptes de Boileau, il remit bien des fois cet ouvrage sur le métier, le polit et le repolit. Nombre de pièces de ce recueil, entre autres celle intitulée *Adieu* furent l'objet de remaniements incessants. A la demande de Vanier, il se résigna non sans lutte, à y supprimer des strophes, vraiment trop haineuses. De même, il consentit à retarder la publication d'une pièce relative au divorce, qu'il appelait : un adultère codifié. Par la suite, jaloux de dégager sa mémoire « de tout soupçon de cocuisme, toujours ridicule pour la postérité, » — disait-il, sans excès de modestie — il exigea l'insertion de cette pièce dans un de ses volumes.

Un *malheur*, — le mot est de Verlaine — désorienta le poète durant quelques jours. Il écrivit à
son ami Vanier :

J'ai perdu mon couteau ! quel malheur ! Cet objet est plus
nécessaire à un malade qu'à un paysan. En hâte venez me voir
et ne négligez pas de m'acheter dans le petit bazar du boulevard Saint-Michel ou d'ailleurs, un couteau à *quat'* sous. Je
vous donnerai en échange un grand remerciement. Comme
ça *l'amitié ne sera pas coupée.* »

Et comme Vanier tardait à venir, Verlaine, impatienté par vingt-quatre heures d'attente, le relançait dans une épître, dont le ton cavalier scandait la menace formelle d'un refus de corriger le
manuscrit d'*Amour*.

L'éditeur dut, bon gré mal gré, calmer le courroux
du terrible enfant gâté, et lui apporter le couteau de
quat' sous, — sinon l'amitié eût été coupée. Deux
jours après sa visite, Vanier recevait de Verlaine
une charmante lettre annonçant l'envoi des épreuves
définitives du volume en préparation, terminée par
cette boutade : « Faites qu'*Amour* paraisse
bientôt, et que *le plus grand poète du monde (sequentia sancti Evangeli secundum Bajum)* puisse
être assuré à sa sortie de *OEgypto*, de ne pas trop
crever de faim, ni de froid. Amen. »

Entre temps, dans le monde mêlé des amis de
Verlaine, on se communiquait une sorte de circulaire tendant à la formation d'un Syndicat de

journaux désireux de fournir au poète malheureux
de l'argent, en échange du droit de première publication de ses œuvres dans leurs colonnes.

On n'a jamais su bien exactement à qui attribuer
l'initiative de cette charitable combinaison. Un des
plus zélés propagateurs de la circulaire la plaça sous
les yeux du principal intéressé.

« Je ne crois pas que ma dignité soit en rien
atteinte par elle, — affirma Verlaine. Elle a circulé
sans que je la connusse ; je n'y trouve rien d'humi-
liant pour moi. Je suis plus que pauvre, je suis misérable ; mais je ne prétends recevoir d'argent que
contre du travail. »

Après avoir congédié son *interviewer*, le poète,
sous la commotion d'un remords, informe par écrit
Vanier de l'incident :

« La main sur la conscience, je répète que je ne vois rien
de pleutre, ni d'autre que de très simple dans la circulaire en
question. Si elle peut me procurer ce à quoi elle tend (??),
voilà de la *braise* que j'accepterai sans scrupule aucun.

Du reste, vous la lirez ; et elle vous laissera complètement de mon avis. Du reste encore, rien n'y est engagé. Pas
une signature donnée ; vos intérêts absolument dégagés
puisqu'il ne s'agirait que de copie courante *ès-journals*.

Donc rien de grave ; tout va bien ; sauf hélas ! la bourse.
Tachez, Vanier, de la guérir, hein ? Puisque nous avons les
atouts en mains et le vent dans nos voiles, faites un peu ma
fortune... ou au moins que je puisse vivre, nom d'une pipe !

Pourrez-vous, ceci très sérieux, me procurer un pantalon d'été gris comme celui que m'achetâtes pour 3 francs,

l'été dernier ? Tout de suite, *if you please*. Ça presse, car mon mien montre le jour de toutes parts. Triste aspect — et c'est la morale de cette histoire ».

Cette lettre est datée du 6 février. Le port d'un pantalon d'été s'imposait déjà dans les salles de l'hôpital Broussais. Le thermomètre accusait 26 degrés, dans la salle Parrot.

Faut-il attribuer aux effluves de cette température, ou bien au régime reconstituant et à la chaste continence de l'hospitalisé, l'élucubration des poésies perverses auxquelles il se complut alors, et qu'il livra plus tard à la publicité dans le recueil : *Parallèlement* ? Des aveux à la Saint-Augustin, glissés sous forme de grivoiseries dans la correspondance du poète, m'incitent à le croire. Je ne puis les reproduire ; ils constituent de la bonne copie pour les éditeurs de Bruxelles ou d'Amsterdam, exercés aux publications, *sous le manteau*. Nous en pouvons déduire que le printemps de 1888 ramena pour Verlaine, ce qu'il appelait complaisamment un été de la Saint-Cochon.

Et cependant, combien sont exemptes de lubricité les mystiques images évoquées par lui dans le volume *Amour*, dont la presse française saluait à cette époque l'apparition en un concert d'unanimes louanges.

Dans ce recueil de même inspiration que *Sagesse*, l'âme du poète se répand en larmoyantes protesta-

tions de foi et en pleurs de repentir. Il y prie avec
de tels accents de pénétration que le P. Pacheu, de
l'ordre des Jésuites, dans son livre de *Dante à Verlaine*, n'a pu marchander l'éloge à sa *Prière du matin*.
Ailleurs dans l'*Angelus de midi*, il se voue au culte
de la Vierge Marie, avec la sincérité d'un néophyte.
Partout, cette sorte d'autobiographie douloureuse
qu'il nous livre nous attendrit, nous apitoie par sa
douceur et sa franchise, nous émeut, nous séduit
par sa forme ingénue et délicate.

Comme M. Jules Lemaître, un maréchal de la
critique contemporaine avait, dès janvier 1888,
daigné publier dans la *Revue Bleue* une longue
étude sur Verlaine. La légion entière des critiques
se rallia au panache de ce chef. Les bourdons des
grandes feuilles quotidiennes, les carillons des
revues, les clochettes des petits journaux sonnèrent
à toutes volées en l'honneur d'*Amour*.

Et devant le pauvre rhumatisant les portes de
l'hopital Broussais s'entrebâillèrent un instant... le
temps d'engloutir à gosier altéré les droits d'auteur
touchés chez Vanier.

Alors aussi, la gloire, sous une des formes
enviées des snobs, brandit ses encensoirs sous le
nez du pauvre miséreux ! Des académies étrangères
réclamèrent humblement de lui l'honneur de l'inscrire parmi leurs membres ; une pléiade de littérateurs français et étrangers l'inscrivirent d'office au
service de leurs livres de vers et de prose ; des fa-

bricateurs d'anthologie le supplièrent d'envoyer
avec des renseignements sur son état-civil, des
pièces de vers détachées de ses volumes et des
permis d'insérer ; des autographes de princes des
lettres enrichirent son courrier, où se glissèrent des
plis fleurant bon, aux armes d'une duchesse authen-
tique et de quelques marquises et comtesses de
contrebande. Des visiteurs affluent vers son logis
et le relancent jusque chez les mastroquets où il in-
gurgite avant et après les repas, indistinctement,
son apéritif favori ; et des éditeurs, qu'empêche de
dormir la veine présumée de Vanier, implorent
comme une faveur le droit de publier le prochain
livre de *l'homme illustre, du génial poète dont la
France s'honore.*

L'autre revers de la médaille apparaissait beaucoup plus terne.

Le grand homme aux talons de qui s'acharnaient
les *reporters* en était, la misère aidant, réduit à se
creuser la cervelle à la recherche d'expédients pour
payer la pitance quotidienne.

Le 7 avril 1888, il insistait par lettre auprès de
Léon Vanier afin de rentrer en possession de tous
ses manuscrits non encore publiés :

« Je veux tenter un grand coup avec mes choses en prose.
Je veux les vendre à droite et à gauche, comme un marchand
des quatre-saisons. Huys... veut bien m'aider dans ce commerce des rues. Il y a plus, un milliard de fois plus à attendre d'un de ses pairs, que du meilleur des journaux !

« Donc, je vous attends avec mes copies, aujourd'hui, toute
la journée car je ne puis sortir, le pavé de la rue Moreau
m'ayant mis autour des yeux un masque affreux d'arlequin,
que je ne puis exposer à l'air sous peine d'attraper un éry-
sipèle. »

Effectivement, deux jours avant l'envoi de ce
billet, Verlaine, revenant de chez sa blanchisseuse,
créancière intraitable qui retenait son linge comme
warrant de notes impayées, avait fait une chute
malheureuse sur le pavé de la rue Moreau. Les
mauvaises langues du quartier prétendirent que si
le pied avait tourné, c'est surtout parce que la tête
du marcheur n'était pas bien solide.

Vanier eut toutes les peines du monde à dissua-
der le pauvre Lélian de se livrer, de café en café, au
colportage de ses œuvres. A bout d'arguments, il
refusa la cession des manuscrits réclamés, et ce par
la légitime raison qu'il avait consenti des avances
pécuniaires sur cette copie. Il s'ensuivit une brouille
assez longue entre l'auteur et l'éditeur. Ce fut un
répit pour la caisse de Vanier, et un débit pour celle
de l'éditeur Savine.

Celui-ci, dont le nom est maintenant inscrit au
martyrologe des fabricants de livres, vit, un matin
de mai, s'engouffrer en coup de vent, dans son cabinet éditorial, un homme agité, remorquant sa
jambe, brûlant de fièvre.

— C'est moi, Verlaine, le poète Verlaine, cher
monsieur...

— Asseyez-vous, je vous en prie, cher Maître. A quoi dois-je l'honneur de votre visite ?...

Et l'on causa. Le « cher Maître » incapable de rester en place, se levait, s'asseyait, se levait de nouveau, bouleversait tous les papiers de bureau de son interlocuteur, décochait contre l'absent Vanier toutes les flèches de sa verve satirique et satanique, et grâce à une de ces improvisations où il excellait, dans un de ces moments d'une indomptable fougue où il se sentait de taille à broyer l'univers plutôt que de ne pas combler son désir, il extrayait sans douleur du coffre-fort de Savine quelques jaunets, « des ors », en échange de la promesse de cession d'un livre à écrire : *Histoires comme ça*, et de la remise à brève, très-brève échéance, du manuscrit complet, définitif du volume *Bonheur*.

Une joie, faite d'espoir, rayonnait dans les yeux des deux hommes qui venaient de sceller, par des arrhes, l'engagement verbal de marcher ensemble par le livre à la conquête de la fortune.

Durant des mois et des mois, Verlaine ou quelquefois ses complaisants messagers, dont l'artiste Cazals, apportèrent fidèlement au confiant Savine la copie des *Histoires comme ça*, et en rapportèrent au cher Maître de bonnes pièces de monnaie, ayant cours forcé, et dépensées aussitôt comme ci, comme ça.

Mais, un matin de décembre 1888, ce fut par le facteur des postes que Verlaine transmit de ses nouvelles à l'éditeur Savine.

Paris, le 22 décembre 88.

« Cher Monsieur,

« Repris par cette entrée d'hiver de très fortes douleurs rhumatismales j'ai cru qu'il serait sage de me soigner sérieusement, et ma nouvelle adresse est, pour plusieurs semaines sans doute : Hôpital Broussais, salle Parrot, lit n° 1.

« Vous voudrez bien m'y faire parvenir le compte des avances reçues pour *Histoires comme ça*, et de ce qui pourrait me rester à toucher sur ce volume. Je le termine en ce moment et je travaille en même temps à *Bonheur*.

« Agréez, cher Monsieur, mes meilleures cordialités.

« P. VERLAINE. »

La pensée humaine, surtout chez les malheureux, se complaît à deux bonheurs : se souvenir et espérer.

Verlaine, déshabitué de l'espérance, songeait plus qu'aucun autre au passé ; tout dans l'hospice Broussais, où le mal le ramenait pour la quatrième fois, lui rappelait son ami Vanier.

Il se détermina donc à lui écrire le 28 décembre 1888, pour l'informer de son retour aux « chroniques », et l'inviter à lui rendre visite. « En vue de causer d'un volume : *Les Amis*, que nous pourrions publier bientôt, j'ai besoin de vous voir, sérieusement », insistait-il. Mais il se gardait de transmettre à son confident de naguère la moindre allusion à ses relations avec Savine.

XIV

Les satrapes de la critique ont trop de fois comparé Verlaine à Villon, poète vagabond qui fut aussi brigand et voleur de grands chemins.

Par horreur du ressassé, je m'abstiens de rétablir ici ce parallèle. Je relèverai de préférence les points de ressemblance communs à Verlaine et à Voltaire.

L'un et l'autre ont joint au génie une telle insouciance des préjugés, des usages, des règles et des lois, qu'ils peuvent à bon droit être jumelés et donnés comme types exceptionnels d'improbité. Ils furent, vis-à-vis de leurs éditeurs, de foi punique en matière de respect des traités.

Sans cesse extasiés devant l'horizon infini de la fiction, ils sont à la rigueur excusables d'avoir méconnu la valeur d'une parole ou d'une signature données.

La gloire, *palladium* d'immunité extra-légale, a

protégé de leur vivant ces deux immortels contre des châtiments justement mérités.

Les procédés un peu canailles de Voltaire à l'égard de son éditeur Jore me paraissent avoir été usités par Verlaine à l'égard de l'éditeur Savine. Voltaire, avec ses trente mille livres de rente, me semble un kleptomane ; le pauvre Lélian, sans le sou, est un irresponsable digne d'amnistie.

Je n'écrirai donc pas sous la dictée de la vérité implacable la narration trop peu flatteuse pour mon héros de ses tentatives inqualifiables, tendant à vendre simultanément à deux éditeurs, Vanier et Savine, la propriété littéraire et exclusive du même manuscrit : *Bonheur*. Il me déplaît d'enlever au grand homme dont je retrace la vie jusqu'à sa robe de chambre, de le mettre complètement à nu et de le disséquer devant tous sous la lumière du plein jour.

Mais il me sied de déclarer aux gens de plume qui se syndiquent, à l'heure même ou j'écris ces lignes, pour mener une odieuse campagne contre un des éditeurs de Verlaine, que je possède dans mon dossier la trousse la plus complète pour opérer cette dissection.

Ce n'est pas enlever un fleuron à la couronne de gloire du poète que de signaler les défaillances de l'homme. L'admiration peut aller à l'œuvre, sans être acquise à l'ouvrier.

Le rôle d'homme à double face que Verlaine fut contraint de jouer en 1889, époque de ses relations concomitantes avec Vanier et Savine, coïncide avec l'apparition de son volume *Parallèlement*.

Ce titre, *à priori* très étrange pour un volume de vers, est ainsi commenté par le poète lui-même : « C'est chez moi un parti-pris de publier sinon simultanément, du moins *parallèlement*, des recueils d'une absolue différence d'idées ; pour bien préciser, d'une part, des vers ou de la prose où le catholicisme déploie sa logique et ses illécébrances, ses blandices et ses terreurs et ces « horreurs » dont parle Bossuet ; d'autre part, des productions purement mondaines, sensuelles, avec une pointe d'ironie mauvaise et de sadisme plus qu'à fleur de peau. »

C'est donc une œuvre à double face que désormais Verlaine allait poursuivre.

La lecture de *Parallèlement* équivaut à l'absorption d'un aphrodisiaque de saveur exquise. Elle évoque la vision d'une horde de luxures débridées, hennissant comme une bande d'étalons sauvages, lâchés sur de rutilantes poulinières en pleine prairie du Far-West.

Les passions les plus perverses, les vices anormaux, hors-nature, sont célébrés, magnifiés dans ce livre. Mais en des vers si merveilleux de facture, avec de telles subtilités d'expression, d'un rhytme tour à tour berceur comme de lents baisers, ou ravi dans l'élan des brutales étreintes qu'il en garde le caractère d'une œuvre littéraire sincère et de haute valeur poétique.

Après avoir édifié dans *Sagesse*, un temple de

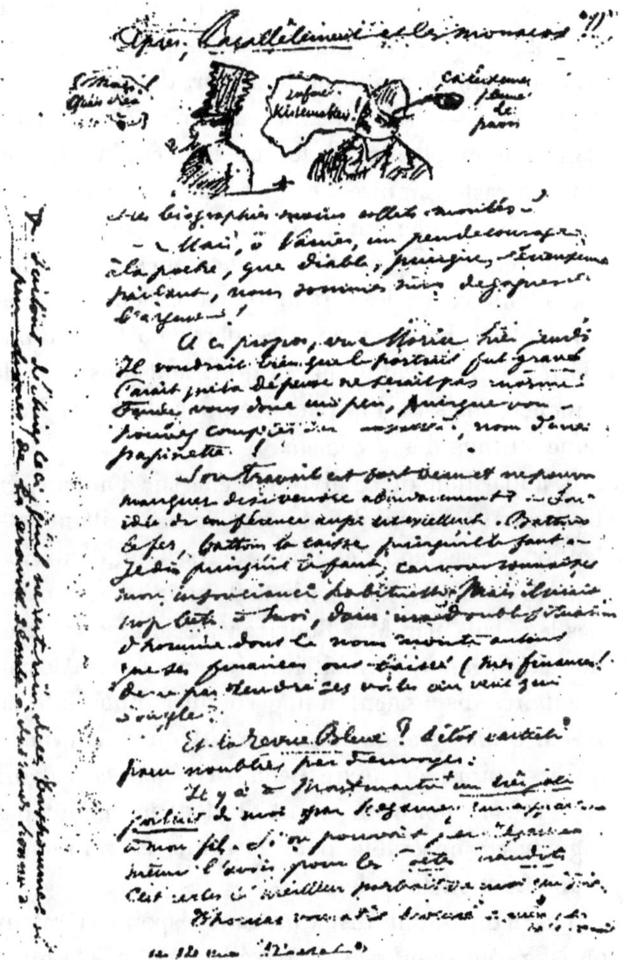

foi et d'amour en Dieu, l'architecte s'est inspiré,

pour en décorer la façade avec *Parallèlement*, de ces gargouilles obscènes qui grimacent de bestiales voluptés auprès des saints et des saintes en prière, sculptés dans le granit ou le marbre des cathédrales. Il a voulu — selon l'expression de Ch. Morice, dans son excellente étude sur P. Verlaine — par un contraste, aiguiser, exalter ainsi le mysticisme de ses livres antérieurs, *Sagesse* et *Amour*.

On rencontre dans *Parallèlement* un sonnet nullement boiteux, où les vers marchent chacun sur quatorze pieds. La langue parlée par le poète est d'une clarté, d'une lucidité telles, qu'il faut plus que de l'audace, mais de l'impudence pour déclasser Verlaine au rang des *décadents*.

L'apparition de ce livre ramena sur l'auteur, en traitement à l'hôpital Broussais, la bienveillante attention de ses amis et admirateurs. L'un d'eux interprète leur vœu en sollicitant pour Verlaine un des legs faits par Mme Boucicaut. Selon les volontés de cette grande bienfaitrice, les exécuteurs testamentaires disposaient d'une somme importante en faveur d'une grande infortune littéraire. Eh bien ! qui le croira ? le pauvre Lélian, rivé par la maladie et la misère noire sur un lit de douleur, ne fût pas jugé assez misérable pour être mis en possession d'une fraction de ce legs.

Les temps sont disparus sans espoir de retour où les poètes, après avoir payé leur dette à la littérature, recevaient les pensions de retraite d'un Roi ou d'un Mécène, et narguaient l'adversité de toute la hauteur d'une aisance bourgeoise. Les parvenus de notre siècle, qu'ils aient auné du drap ou cameloté de la verroterie, attachent plus de gloriole à l'entretien d'une hétaïre, à l'élevage du cheval de pur-sang, qu'à la protection d'un poète. C'est à se demander s'ils descendent en légitime ligne des généreux français qui votaient jadis à Lamartine ruiné des millions de francs, afin qu'il coulât ses derniers jours dans une atmosphère de luxe, sous les caresses baveuses de levrettes gavées de friandises et habillées sur mesure par le couturier en renom.

« Verlaine est venu trop tard, dans un siècle trop vieux » où le Gouvernement et les particuliers méconnaissent la noblesse et la dignité du rôle de protecteurs de la Poésie. Aussi, la vie le peut impunément accabler de ses pires cruautés : la maladie et la misère ; il les doit subir comme châtiment d'une conduite inconsidérée. Le poète aujourd'hui est soumis à la commune loi du livret judiciaire. On veut savoir ses antécédents avant de l'obliger. Si même, en un moment de révolte contre la destinée, une honnête impudeur l'incite à crier sa détresse, il se heurte plus que tout autre à la fatalité de l'égoïsme humain.

Le mercantilisme, de nos jours, triomphant, n'admet pas au banquet de l'assiette au beurre, même à titre de ramasseur de miettes, les chemineaux porte-lyres dont le hâvresac est seulement gonflé de gloire, dont le cerveau ne récèle que du génie.

Néanmoins, le chevronné de l'hôpital Broussais puise encore de l'espoir dans la fierté de la conscience de son génie. *Parallèlement* vient à peine d'accroître sa moisson de lauriers ; il procède aussitôt à de nouvelles semailles.

Dans le repos forcé du lit, il redevient comme une chrysalide enfermée dans sa coque, un infatigable travailleur. Maintenant, Savine d'un côté et Vanier de l'autre stimulent par des écus son courage. Les deux éditeurs ignorent l'un et l'autre ce qui se passe entre chacun d'eux et Verlaine. Novice *homo duplex*, l'ingénieux poète est passé maître en l'art de les tromper tous deux. Les plus flatteuses espérances d'éditer le volume *Bonheur* leur sont habilement déversées en quantités égales. Mais, soit par disette de papier, soit par mesure de précaution, l'infirme. d'ordinaire prodigue de billets et de lettres, écrit à peine de trois mois en trois mois à ses très chers amis, Savine et Vanier. Chaque message leur apporte, sous forme de circulaire, la certitude que le manuscrit marche, en tortue, lentement, mais qu'il arrivera.

L'année 1889 se termine ; ni Savine, ni Vanier ne voient arriver le *Bonheur* attendu. Le malheur à l'état endémique sévit également sur le « chronique » de la salle Parrot, au-delà de cette année.

Il commence 1890 par un déménagement. Son

adresse nouvelle est hôpital Saint-Antoine, salle Bichat, lit n° 5. Au seuil de cet asile placé sous le vocable d'un faiseur de miracles, Verlaine, sous l'impulsion du remords, s'ouvre à Vanier, dans une demi-révélation, de ses agissements envers Savine. Contrairement à ses habitudes de franchise, l'auteur des *Confessions* n'avoue pas encore avoir reçu de ce dernier des avances pécuniaires sur le manuscrit de *Bonheur*, mais il affirme l'existence d'une entente avec lui au sujet de l'édition de ce volume. Vanier se répand en reproches ; il menace de rompre toutes relations d'affaires avec le poète. Verlaine se fait humble, repentant, câlin, et dans une éloquente péroraison, agrémentée de jurons énergiques, il se déclare sous serment résolu de donner à Vanier seul la propriété du livre *Bonheur*.

« Sérieusement, dit-il, j'en finirai avec Savine. Il me surnommera s'il lui plaît le cochon de Saint-Antoine ; mais je suis déterminé à me dégager envers lui. »

Et peu après cet entretien, Verlaine, dans une lettre à Vanier, datée du 25 janvier 1890, se félicite d'avoir repris à Savine toutes les pièces manuscrites qu'il lui avait copiées.

« Venez me voir quelque jour que ce soit, avec votre manuscrit de *Bonheur* que je puis maintenant compléter. Si vous êtes gentil, nous parlerons de cinq cents balles, pour sa cession absolue. Et si vous êtes coulant pour la répartition des dites cinq cents balles, j'ajouterai deux ou trois petites pièces :

un *Sacré cœur*, une tribune des cinq cents ; et une machine
sur *Les Jeunes*, qui sont là (*Là, c'est mon front.*) »

Vanier fut gentil. Il accorda les cinq cents balles.
Le traité de cession entière avec droits de reproduction illimité du manuscrit *Bonheur* lui fut consenti
par Verlaine au prix de cinq cents francs.

Le titre définitif de ce livre donna lieu à une
contestation entre l'auteur et l'éditeur. Jusqu'à la
conclusion du traité, il s'était toujours agi de le
baptiser : *Bonheur*. A ce moment, Verlaine prétendit l'appeler : *Espoir*. Sans doute, l'espoir de le
soustraire ainsi à l'attention de Savine n'était pas
étranger à cette prétention. Mais Vanier argua
d'annonces déjà faites en faveur du futur recueil
sous le titre primitivement choisi. Son argumenta-
tion triompha des molles résistances de Verlaine.

Durant son premier séjour à l'hôpital Saint-Antoine, — de janvier à mars 1890, — le poète avait
pour voisin de lit un terrible homme à moustaches,
ex-soldat. Récemment libéré des compagnies de
discipline. Ce *biribiste* ne croyait ni à Dieu, ni au
diable. L'auteur de *Sagesse* entreprit de le convertir.
Le silence de la vaste salle Bichat, d'ordinaire à
peine troublé par les gémissements étouffés des
malades, fut fréquemment rompu par ses sermons
sur l'existence de Dieu et les bienfaits de la Foi.
L'ex-soldat, athée irréductible, gratifia le sermon-
neur du surnom de *ratichon*, mot d'argot, traduisez :

curé. Il n'appelait jamais Verlaine autrement ; si
bien que les malades de Saint-Antoine prirent peu
à peu l'habitude de ne plus prononcer le nom du
poète et de le désigner sous ce sobriquet. Une lé-
gende circula même dans cet hospice au sujet du
passé de Verlaine. Malades et infirmiers n'affir-
maient pas tous qu'il était un prêtre défroqué ;
mais ils étaient presqu'unanimes à croire qu'il avait
séjourné longtemps parmi les Chartreux, et qu'il
avait même écrit dans la sacristie d'un couvent le
manuscrit de *Sagesse*.

Ce racontar fut précieusement recueilli par un
des collaborateurs de la *Grande Encyclopédie du
XIXᵉ siècle*. On le retrouve inséré comme une vérité,
à l'article biographique consacré à Verlaine, dans
le supplément du fameux dictionnaire.

Au sortir de l'hôpital Saint-Antoine, Paul Verlaine, transfiguré en boyard dans une ample pelisse
à collet de fourrure, le cou, le menton et le bout du
nez enfouis dans un cache-nez rouge, arpenta quelque
temps une célèbre artère de la rive gauche. Entre
la troisième heure du jour et la troisième de la nuit,
il était plus aisé de le rencontrer sur le trajet du 19,
quai Saint-Michel, au boulevard Montparnasse par
le boulevard Saint-Michel, que chez lui. Une phalange d'honneur lui servait d'escorte ; il la remor-
quait volontiers dans les abreuvoirs publics où l'on
peut, moyennant finances, étancher ou altérer de
plus belle la soif. Au physique, il paraissait peu

changé ; mais le regard semblait plus dur, la bouche se crispait plus fréquemment de dégoût.

Des familiers besogneux ou guidés par l'ambition de parvenir réussirent à l'endoctriner, afin qu'il obtienne le concours pécuniaire de Vanier pour fonder une revue hebdomadaire, littéraire et illustrée.

L'éditeur des *Jeunes*, bien qu'instruit par l'expérience de la chute rapide de ces feuilles-là, paraissait acquis au projet cher à Verlaine et à ses amis, lorsqu'en octobre 1890, le satané rhumatisme du poète l'obligea de frapper pour la seconde fois à la porte de l'hôpital Saint-Antoine.

Il eut la bonne fortune d'y recevoir les soins du docteur Taperet, savant praticien doublé d'un lettré, s'intéressant à la poésie. Ce médecin élargit, dans la limite du possible, les libertés réglementaires au profit de Verlaine. Il lui fit obtenir outre les livres, l'encre, le papier nécessaires à ses travaux, l'autorisation de recevoir à tout instant du jour des visites d'amis ou d'admirateurs. Le peintre Aman-Jean usa largement de cette faveur ; il ébaucha un des meilleurs portraits que l'on ait fait du poète. Verlaine y est représenté assis sur une chaise, adossée à son lit, vêtu de la grande houppelande bleue des malades qui lui donne l'air d'une pontife ou d'un mage. La physionomie est admirable d'expression.

Beaucoup de dessinateurs ont pourtrait le poète,

La misère et le mauvais œil,
Soit dit sans le calomnier,
Ont fait à ce monstre d'orgueil
Une âme de vieux prisonnier.

Paul Verlaine

dans ce costume qu'il a tant de fois porté, quitté et repris. C'est bien là le vêtement sous lequel il convient d'envelopper le bronze de sa statue. Cette livrée de la maladie associée à la misère n'est pas déshonorante.

On laisse au citoyen français que la mort glorieuse a fauché sur un champ de bataille, l'uniforme de soldat qu'il portait momentanément. Que l'on conserve au « pauvre Lélian » la tenue sous laquelle il a le plus vaillamment servi la cause de la Poésie !

XV

A sa sortie de l'hôpital Saint-Antoine, Verlaine campa durant quelques mois dans un hôtel meublé de la rue Descartes. Peu d'intimes franchirent le seuil de la chambre au mobilier miséreux, d'aspect sordide, louée par lui à vingt francs la quinzaine. Il recevait de préférence les interviewers dans la pièce, pompeusement appelée par l'hôtelier le salon à manger. Pièce étroite, éclairée par une devanture de mastroquet, possédant pour tout mobilier une table, vierge de nappe, mais recouverte d'une toile cirée que l'on nettoyait le samedi et qui disparaissait en permanence les autres jours sous les rogatons et les miettes des repas nullement princiers du poète, et une étagère aux rayons chargés de bouteilles multicolores de par la variété des produits chimiques contenus, rehaussées de l'éclat criard d'étiquettes enluminées.

A cet intérieur dépourvu d'attrait, Verlaine pré-
férait le décor du café *François I*^{er} : glaces et ors et
vue sur le jardin du Luxembourg. Là, malgré les
âcres senteurs du tabac et les relents d'alcool, il
respirait avec ivresse les parfums d'encens exhalés
des lèvres louangeuses de ses satellites. Peu causeur
d'ordinaire, il émettait ses impressions par boutades,
en images concises, souvent d'une grossièreté d'expression cherchée, mais d'un ton de bonhomie charmante. Il se plaisait à décerner aux jeunes ratés de
l'art et de la littérature qui sollicitaient son jugement sur une œuvre, des brevets de talent, voire
même de génie. Il se gardait jalousement d'émettre,
dans les discussions, des opinions rigoureusement
déduites.

Ainsi, lorsque M. Jules Huret, un spécialiste du
reportage expérimental, procéda, en mars 1891, à
son enquête sur l'Evolution littéraire, il lui fut impossible d'arracher à Verlaine la moindre définition
précise, une seule explication raisonnée. De parti
pris, le Maître s'écartait à tout instant de la question posée, se regimbait, se cabrait contre la volonté du reporter ; enfin, las de lutter, il improvi-
sait un speech débordant d'antithèses invraisem-
blables, faites tour à tour de brutalité et de grâce,
d'ironie gaie ou d'indignation.

« — Les Jeunes ne se réclament-ils pas de vous?
lui demandait M. Huret.

« — Qu'on prouve que je suis pour quelque chose

dans cette paternité-là ! Qu'on lise mes vers !... J'ai
eu des élèves, oui ; mais je les considère comme des
élèves révoltés... Mais oui ! Je suis un oiseau, moi
(comme Zola est un bœuf, d'ailleurs) et il y a des
mauvaises langues qui prétendent que j'ai fait
école de serins. »

Ensuite — écrit M. Huret dans le livre : *Enquête
sur l'Evolution littéraire*, édité chez Fasquelle —
Verlaine prend sa posture coutumière : il redresse
la tête, avance les lèvres, fixe son regard droit devant lui, étend le bras et dit : « *Je suis un gosse
français, cré-nom de D..! en outre !* »

« — Comment se fait-il que vous ayez accepté
l'épithète de *décadent*, interroge M. Huret.

— On nous l'avait jetée comme une insulte, cette
épithète ; je l'ai ramassée comme cri de guerre ;
mais elle ne signifiait rien de spécial que je sache.
Décadent! Est-ce que le crépuscule d'un beau jour ne
vaut pas toutes les aurores ! Décadent, au fond, ne
voulait rien dire du tout. » Bref, les réponses éva-
sives de Verlaine, ses égratignures aux symbolistes,
qu'il appelle des *cymbalistes*, sont plus amusantes
qu'instructives. Il n'a pas manifesté d'opinions sur
les questions posées ; sans doute, parce qu'il n'en
avait pas.

Au nombre des familiers du poète apparaît alors
un bizarre personnage, bien connu au Quartier-latin
sous le sobriquet de Bibi-la-Purée. Bon à tout
faire, surtout le parapluie du voisin, cet individu

était toléré dans l'entourage du Maître, en raison d'une serviabilité qu'il savait, par haine des préjugés, abaisser jusqu'au rôle le plus louche. Il accepta, dès 1891, la mission nullement rémunérée de facteur d'amour entre le poète et Mlle Eugénie Krantz ; il fut le premier confident des serments échangés par Paul et Eugénie en vue d'un mariage morganatique.

De nos jours certains princes de la littérature disputent aux princes du sang le privilège de ces unions. La gloire n'attribuant pas à ses lauréats les avantages d'un corps « glorieux », affranchi de la tyrannie des bestiales ardeurs, on ne saurait blâmer un poète enfiévré de pensers d'amour de se détacher parfois du rêve pour s'attacher à la réalité.

L'accouplement de Verlaine et d'Eugénie Krantz, d'un lettré et d'une illettrée, est une résultante de la loi des contrastes. Il dégénéra rapidement en amours profondes, indéracinables, en une de ces unions libres scellées à la colle forte qui bravent les morsures les plus aiguës de la jalousie, résistent aux aveux d'infidélité les plus cyniques, que les coups, les sévices, les injures graves n'émoussent pas, que seule parvient à rompre la Mort.

Un océan de gadoues, d'immondices d'égoût sépare ces amours des tendresses d'idylle de Pétrarque et de Laure.

Elles naquirent au lendemain de la représentation « Symboliste », donnée en matinée dans la

salle du Vaudeville, en mai 1891, au bénéfice de
Verlaine et du peintre Gauguin. La presse, amie des
bénéficiaires, avait drainé la foule à ce spectacle.
L'œuvre de charité, de solidarité revêtit les appa-
rences d'un succès. Salle comble, caisse remplie
sans doute... Cependant, elle se résuma par une
aumône de cent francs, au profit de Verlaine. Sans
fausse honte, le poète s'en plaignit aux organisateurs. On ne lui répondit pas. L'obole tombée dans
son escarcelle fut le nerf de la conquête d'Eugénie
Krantz. Il obtint, grâce à elle, les faveurs de la giletière, à l'issue d'un héliogabalesque festin, pris sous
la tonnelle fleurie d'une gargote banlieusarde.

Le pauvre rhumatisant, en rupture d'hôpital, oublia toutes les prescriptions, toutes les ordonnances
des médecins. Bientôt perclus de tous ses membres,
voué à l'immobilité sur le grabat de la rue Descartes, il mandait des épîtres enflammées à sa
chère dulcinée. Le ton de ces lettres en interdit la
reproduction. C'est de la poudre de cantharide premier choix. En dépit de son âge mûr, la destinataire en recouvra la fougue des ardeurs de la ving-
tième année.

Les cinq cents *balles*, montant des droits d'auteur du volume *Bonheur*, exercèrent une salutaire
influence sur la santé du poète. Par elles, l'été de
1891 dispensa de beaux jours à Paul et à Eugénie.

En septembre de cette année, un incident pré-
cipita la mise en ménage, la vie en concubinage

des deux amants. Le stupéfiant mastroquet de la rue Descartes eut un soir l'audace de réclamer avec arrogance à son locataire le payement d'une note arriérée de frais de logement et de nourriture. Verlaine se drapa majestueusement dans son insolvabilité. Le logeur refusa net de lui remettre la clef de sa chambre. Un compagnon du poète, le publiciste Henri Cholin, témoin de ce refus, s'interposa et déclara qu'il était indigne de réclamer de l'argent à un homme de lettres ne vivant que pour l'art. Cet argument, qui n'en est pas un, hélas ! exaspéra le *mastroquet. Il tourna sa fureur contre le publiciste, l'empoigna par les vêtements qui se déchirèrent, et lui brisa son lorgnon. Des agents de la paix survinrent* ; et pleins de déférence pour le mastroquet, — un électeur —, ils appréhendèrent au corps M. Cholin et le menèrent au poste, comme perturbateur. Verlaine se fit à son tour, devant le commissaire, l'avocat de son champion. Celui-ci fut relaxé. Mais le logeur persista dans le refus de la clef. Le pauvre Lélian vit flotter devant sa pensée le dilemne : ou coucher à la belle étoile, ou bien partager la couche d'Eugénie.

Sans hésitation, il s'achemina vers la rue Pascal, où nichait dans une mansarde la bien-aimée. Accueilli d'abord par un sourire, on lui fit de gros yeux, de vives remontrances lorsqu'il déclara son état de vagabondage. Il pleura dans le corset de la giletière ; puis, se relevant soudain, consolé, fort d'espoirs, il pénétra de la certitude de sa fortune future sa miséreuse auditrice, qui, vaincue, subjuguée, terrassée par un semblant d'amour, laissa tomber de ses lèvres, souvent ouvertes pour le mensonge, une cruelle vérité :

— Je te prends ; mais tu sais, je te connais ; si t'apportes pas bientôt de la braise, je te lâcherai.

Le poète médita ce langage réaliste ; et son inspiration, bercée par les ronflements de la voisine, accoucha cette nuit-là de strophes que j'exhume des papiers d'Eugénie Krantz :

A MA BIEN-AIMÉE

Je connais tout, même moi-même,
Je ne sais rien, même de toi.
Je suis l'inconscient et j'aime
Je ne sais qui, jusques à moi !

Mais je n'ignore pas quiconque
Et ce quelconque là, j'y suis.
Pour lui parler si dans la conque
De son oreille, — ce pertuis ! —

Elle désire que je glisse
Telle parole ou bien un mot,
Si elle voulait qu'on lui foutisse
Un compliment de matelot.

Je suis de ce siècle et de toutes
Les décadences, et je suis

> Le pèlerin qui, par les routes,
> Et me congèle et me recuis,
>
> Et sans peur ni de la mort verte
> Ni de la vie en rose, j'ai,
> Pour réponse à tel propos gai
> Ou triste, ou rien du tout, dit : merte

Au petit lever de la giletière, Verlaine débita ses vers, sur le ton persifleur d'un gavroche. Eugénie n'y comprenant goutte, partit d'un éclat de rire ; puis, redevenue soucieuse, agita la question d'argent :

— De l'argent ! j'en bourrerai ta paillasse. Me voici connu, apprécié, surfait même aujourd'hui. Le pressentiment ne me trompe pas. — Eh bien ! malgré la misère sérieuse, terrible où je me trouve, malgré ma vie au jour le jour, en dépit de la maladie ; maintenant que poète classé, admiré d'aucuns, je suis contraint d'écrire et d'entasser articles sur articles, bouquins sur bouquins, tu m'en croiras, si tu le veux, je suis sûr de vivre riche et de mourir riche. Oui, le pressentiment, cette voix qui n'est ni la conscience, ni le souvenir, ni le don absolument prophétique, me l'affirme. — Mais, depuis belle lurette j'ignore l'argent et comment on gère, on dépense, on distribue une fortune. Vrai, je serai fort embarrassé d'être riche. Au fait, quand je le serai, je te confierai tous mes ors. Veux-tu, dis, ma chérie ?

— Si je le veux.

— Eh bien, alors, aimons-nous !

Désormais une des *béatitudes* de Paul, selon le terme qu'il se plaisait à emprunter aux Saintes Écritures, fut de remettre à Eugénie les allocations reçues chez Vanier ou au guichet des journaux, en échange de manuscrits.

Chez la femme, l'amour est parfois uniquement fait d'illusion et d'espérance. Chez Mlle Krantz ce sentiment devait être entretenu par le don d'espèces fiduciaires.

Beauté fanée, défiant l'ombre même d'une comparaison avec la moins laide des muses antiques, Eugénie fut pourtant la cheville ouvrière d'un renouveau d'énergie au labeur de Verlaine, et mieux encore elle lui inspira bon nombre des pièces de vers du volume : *Chansons pour elle.* Querelleuse, jalouse, potinière, volage, bref, réunissant au superlatif les défauts et les vices d'une chipie vulgaire, elle possédait une vraie qualité : l'horreur de l'oisiveté. Habituée à gagner son pain à la pointe de son aiguille, elle n'admettait pas qu'un homme de lettres n'accomplisse pas un labeur quotidien, du bout de la plume. Et sans trêve, du lever au coucher, elle lancinait, tarabustait son concubin pour l'obliger à mettre la patte à la besogne ; le rappelant à l'ordre, l'invectivant, le menaçant du balai lorsqu'elle le surprenait à rêver, le nez en l'air. L'ex-giletière estimait qu'un ouvrier de la plume doit

écrire, composer couramment, sans réfléchir, sans
méditer, et peut aligner des vers comme une cou-
turière pique des points, à la queue leu leu.

Au mépris de son vieux levain de combativité, d'indépendance, d'insoumission, Verlaine subissait sans
rechigner le joug de cette maîtresse. Pour vivre en

paix avec elle, pour qu'elle ne mette pas le verrou « la
nuit venue », il s'astreignait à ses caprices, il calli-
graphiait chaque jour de son mieux, la ou les pages
de copie. Souvent, aux heures où la rime rebelle se
dérobait à sa pensée, la hantise des mastroquets, des
cafés littéraires du Quartier le minait. Il endossait
sa houppelande et tentait de sortir seul, prétextant
des courses d'affaires, des visites aux éditeurs, des
stations dans les bureaux de rédaction. Eugénie,

aussitôt, déposait le balai, l'aiguille ou la cas-
serole, et, maternellement, en garde-malade obli-
geante, réclamait la faveur de soutenir les pas de
l'infirme. Elle glissait son bras sous celui du poète
et ne le lâchait plus.

Sur l'asphalte du *Boul'Mich* et des rues adja-
centes, les passants se montraient ce couple d'amoureux. Malgré la dose d'ironie facile de la jeunesse
française, les regards qui allaient à Verlaine, même
lorsqu'il portait le petit panier d'Eugénie, expri-
maient davantage le respect et la sympathie que la
dérision.

C'est qu'à travers les affres d'une existence malheureuse, le large rire gaulois du poète sonnait
encore généreux et clair, même dans les pages vé-
cues, souffertes du livre autobiographique : *Mes
Hôpitaux*, qu'il venait de publier chez Vanier. Pages
émouvantes, où, après nous avoir guidé en cicérone
expérimenté, au spectacle épeurant et glacial des
halles pourvoyeuses de la Camarde, il nous associe
aux rares joies, aux plaisirs enfantins des malades
et nous entr'ouvre les portes des maisons de conva-
lescence, purgatoire succédant à l'enfer.

C'est qu'il était aussi demeuré le poète des années
jeunes, dans le recueil *Chansons pour elle*, lancé par
Vanier concurremment avec *Mes Hôpitaux* ; et qu'il
y avait, dans les couplets ardents et roses de ce forçat
de vieilles amours, de géniales flambées de joie à la
gloire de l'aimée, de l'infidèle papillonnante, de la

volage glanant des cœurs un peu partout, mais re—
venant toujours à l'amour du poète, fatigué lui aussi,
honteux d'avoir trompé.

Les vers de *Chansons pour elle*, exempts de pré—

ciosité, de hardiesses de langage, semblent jaillir
d'un seul jet, rimés en pleine veine d'improvisation.

Ils justifient plus que leurs devanciers un parallèle littéraire entre Verlaine et Villon.

Ils ajoutèrent un brillant fleuron à la couronne du poète, et de beaux deniers dans le bas d'Eugénie. La foi aux pressentiments s'éveilla dans l'âme de la giletière. La roue de la fortune semblait enfin tourner en faveur du poète. Un *neuvième* éditeur, MM. Charpentier et Fasquelle, foulant d'un pied léger les platebandes de Vanier, déversaient sur le marché du Livre, quinze cents exemplaires d'un *Choix de poésies* Verlainiennes, et versaient du chef de cette publication des ors au pauvre Lélian et aussi à Vanier.

Le bien-être du faux ménage n'augmenta pas en raison directe des recettes. Eugénie satisfit davantage ses goûts pour les boissons sucrées, siropeuses ; Paul s'adonna de plus belle à l'absinthe. Au brouet des jours maigres succédèrent des menus presque de Lucullus, chez les mastroquets en renom.

La dèche, le guignon se plaisait à dire Verlaine, mit bientôt, à nouveau, le grappin sur les tourtereaux, amenant la brouille au logis.

En maîtresse qui règne et gouverne, la Krantz, comme affolée devant le spectre de la Faim, lance le malheureux, dont elle tient les ficelles, quêter au jour le jour la pièce de cent sous.

Des amis braillent dans la presse sur la misère imméritée du pauvre Lélian.

Entre temps, Paul et Eugénie, ensemble ou sé-parément, assiègent à toute heure la caisse de Va-nier.

Dans le *Journal de Goncourt*, tome 9, pages 348 et 349, je trouve la narration d'un de ces assauts.

« Rodenbach me raconte avoir assisté à un traité entre Verlaine et l'éditeur Vanier, où l'éditeur ne voulait donner que vingt-cinq francs de quelques pièces de poésie qu'il venait d'écrire, et dit que Verlaine tenait à avoir trente francs. Et cela se ter-minait par Verlaine, tenant d'une main son reçu et ne le lâchant que lorsqu'il tenait, dans l'autre main, un Napoléon et deux pièces de cent sous, s'écriant : « Un sale Badinguet et deux pièces suisses ! » — Et comme Rodenbach le complimentait de sa victoire : « Non, non, s'écriait-il, je n'aurais jamais cédé, j'aurais eu une scène ! », il faisait allusion à l'auto-rité de la femme avec laquelle il vivait. »

Vanier se lassa d'être *tapé*. Et quand octobre 1891 ramena l'hiver et son cortège de misères, Verlaine prit ses quartiers à l'hôpital Broussais, salle Lasègue, lit 24. De là, il décocha de cavalières épîtres à son « ennemi naturel », l'éditeur du quai Saint-Michel, lettres émaillées de ragots, de potins de portière, cueillis sur les lèvres d'Eugénie Krantz. Vanier dédaigna d'y répondre.

L'auteur froissé de ce silence offrit sa copie à MM. Perrin et Cie, éditeurs au quai des Grands Augustins. Ils n'en voulurent pas.

Durant deux mois et demi de séjour à Broussais, Verlaine écrivit entièrement le manuscrit de *Liturgies intimes*. Ce recueil de poésies très catholiques, sorte d'amende honorable à Dieu et à l'Eglise pour des mois d'une existence on ne peut moins catholique, devait paraître en 1893, sous les auspices d'une revue littéraire, le *Saint-Graal*. Les exemplaires de l'édition *princeps* de ce livre sont très recherchés des bibliophiles.

Vanier a repris, par traité, en 1893, le droit de publication de ce recueil, qui est, comme *Sagesse*, de magnifique inspiration mystique.

XVI

Relaxé par ordre, en janvier 1892, de l'hôpital
Broussais, Verlaine pratiquant le pardon des offenses
reprit une chambre, rue Descartes, chez le logeur
qui, récemment, avait mis en loque le veston de
M. Cholin.

Eugénie, dont la vertu cascadait ferme depuis des
mois, ne revendiqua pas la place de gouvernante au
foyer du poète ; mais elle prétendit exercer les
fonctions de trésorière.

Les ex-concubins se retrouvaient d'ordinaire chez
un mastroquet de la rue Saint-Jacques. Paul arri-
vait le premier au rendez-vous. Il trompait les lon-
gueurs de l'attente en dégustant debout, devant le
comptoir, *sur le zinc*, de vagues consommations.
Les habitués l'interrogeaient sur son état de santé.
Il les rassurait avec complaisance sur ses douleurs
à la jambe, aux poignets, aux doigts, prodromes de

prochaines attaques de goutte, qu'il appelait : des pinces-monseigneur, bonnes à forcer au moment opportun les portes des hospices. Et ce disant, un rire illuminait sa face presque blême et contrastait avec l'expression terrible de ses sourcils hérissés.

L'apparition d'Eugénie changeait à vue ce masque. La figure de l'amant redevenait soudain douce et pensive ; son sourire à l'unisson de son regard reflétaient à la fois la tendresse et la crainte. Il guettait sur les lèvres de l'aimée l'essor des premières paroles. Selon qu'elles s'exhauraient caressantes ou vibraient querelleuses, il commandait une tournée, ou se hâtait d'ingurgiter d'un trait le contenu de son petit verre afin de déguerpir.

La « vieille garde » était rarement d'humeur tendre, surtout quand la dépense de la veille avait, machine pneumatique, fait le vide dans le porte-monnaie. Férocement, elle exigeait de l'argent, encore de l'argent. Impassible d'abord, le Parnassien de jadis opposait aux récriminations un dédaigneux mutisme ; puis à bout de patience et d'impassibilité, brandissant son bâton d'un geste solennel, il scandait d'une voix forte une réponse quelconque, invariablement terminée par le mot de Cambronne, qu'un large éclat de rire soulignait aussitôt. L'effet produit était magique. Eugénie se calmait ; Paul demandait pardon.

Le couple enlacé, l'une soutenant l'autre, sortait majestueux du caboulot de la rue Saint-Jacques.

Dehors, on discutait le programme de la journée. Suivant l'état de la bourse commune, on allait brocanter chez l'éditeur ou chez les directeurs de journaux ou revues la copie rédigée la veille ou retrouvée dans les cartons.

Les trajets longs ou courts s'effectuaient à pied. L'omnibus eût coûté trop cher !

Seulement, circonstances constantes · mais toujours imprévues, la fatigue et la soif contraignaient les marcheurs à des stations successives chez les marchands de vins. Ils gaspillaient vingt fois le coût d'une place d'impériale.

Cette réflexion, d'essence mathématique, est de Verlaine même, du poète qui méprisait le calcul au point de ne pas compter toujours le nombre des pieds de ses vers. Il la servit à Eugénie, au cours d'une scène terrible, tandis qu'ils pratiquaient sous un bec de gaz, avant de pénétrer dans un caveau de noctambules, le recollement des gros sous et des piécettes blanches, reliquat d'un écu, d'un sale Louis-Philippe.

— Tu m'as volé ; il manque un franc ! hurlait Eugénie.

— Crapule ! vociférait Paul. C'est pour cette traînée que j'ai écrit *Chansons*, pour elle ! au fait, elle n'en a pas compris un mot ? Enfin, garde tout, — et Dieu veuille que je ne te revoie de ma vie,

A l'aurore du lendemain, l'image de la traînée se transformait au mirage de l'illusion en ange des

premières amours et de nouveau, devant le comptoir du mastroquet de la rue Saint-Jacques, le
poète anxieux *du retour de la bien-aimée absorbait*
mélancoliquement sa ration matinale de liquide à
base d'alcool.

On écrirait *un volume sur les écarts de chair,*
les chutes et les rechutes dans l'ornière du vice,
de ce pauvre grand homme. Ce travail relève
de la pathologie : il dépasse mon but et mes
moyens.

En novembre 1892, un groupe de littérateurs et
d'artistes hollandais tendit au bohème naufragé
dans les bas-fonds parisiens une branche de salut.
Ils l'invitèrent à donner des conférences à la Haye,
et lui offrirent, en beaux florins d'or, et d'avance,
des honoraires éblouissants.

Le « jour des morts » de cette année marque
pour le poète la date d'une résurrection, d'un retour à la vie laborieuse et digne. Grâce à l'argent
qui lui vint de Hollande, pays d'où le funambu-
lesque Banville en attendit toujours, il quitta Paris
ce jour-là, et fut transvéhiculé jusqu'à la Haye,
dans un wagon spécial de première classe, « mi-
roirs aux panneaux, tablettes d'acajou qu'on relevait
pour lui servir à déjeuner et à dîner », en prince
des lettres, en étoile de la Poésie.

Ses amphytrions lui ménagèrent une entrée
triomphale dans la capitale hollandaise. Un succès
apothéotique couronna la causerie relative aux

poètes français contemporains, suivie de lectures de
leurs œuvres, qu'il donna dans le local de la loge
maçonnique de cette ville.

« On me reprocha seulement trois choses, d'avoir
la voix en peu voilée, de ne pas avoir principalement cité de mes vers, d'avoir débité mon affaire
tout d'une traite au lieu de me reposer et de laisser
reposer mes auditeurs pendant un quart d'heure,
comme c'est l'usage ici » — écrit Verlaine dans le
ivre : *Quinze jours en Hollande*, où il a consigné
les souvenirs de ce voyage. Il répare l'une de ces
fautes en faisant peu de jours après à Amsterdam, une
causerie verlainienne, suivie de lectures également
verlainiennes.

De retour à Paris, il eut à défendre ses beaux
florins d'or contre la cupidité d'Eugénie. L'ex-giletière réclamait la totalité du magot. Verlaine en
offrait le quart. Un différend s'éleva. La Krantz,
s'érigeant en justicière, procéda sans scrupule à la
saisie-exécution des papiers, des vêtements, du
linge de son ami. Le saisi s'aboucha dare dare avec
des huissiers et autres gens de loi, et il paya pour
la première fois de la copie à des tiers : copie sur
papier timbré.

Cet exploit révolutionna la jeunesse du barreau
et du journalisme ; il défraya la conversation des
noctambules du Quartier-Latin. On ne pouvait
s'imaginer Verlaine créancier. On traitait d'impos-
teurs, de diffamateurs, de calomniateurs, tous ceux

qui soutenaient que Paul poursuivrait devant la justice son Eugénie.

En fait, le cœur faiblit chez l'amant peu d'instants avant l'audience. Il retira sa plainte contre la femme aimée. Mais, pour la châtier comme elle le méritait, il dompta le cœur d'une autre, et s'afficha dans les caboulots et les chics endroits du quartier, chez les éditeurs, et partout, aux côtés de sa nouvelle conquête, au bras de Philomène Boudin.

Nature simple et résignée, peu exigeante sous le rapport de l'argent, économe, soigneuse, tenant à honneur de ne pas laisser sortir son maître et seigneur avec des pantalons troués ou des vestons veufs de boutons, la tendre Philomène n'exerça jamais le moindre empire sur son amant, et ne sut pas maîtriser ses habitudes de flânerie paresseuse et de *vadrouille* nocturne.

D'ailleurs, l'ambition supplanta tout à coup l'amour dans le cœur du poète. La Mort ayant vidé des fauteuils d'Immortels, l'inconscient viveur rêva de s'asseoir dans un des quarante sièges de l'Académie.

Cette aspiration, noble en soi, dénotait chez le candidat l'ignorance la plus complète des références exigées des élus de la docte assemblée. Dans sa candeur, il s'imaginait que l'Académie recrute exclusivement ses membres parmi les écrivains illustres, célèbres, ou tout au moins de quelque talent ; et dans la fierté de sa conscience d'avoir

enfanté des chefs-d'œuvre de haute littérature, il se
croyait des titres équivalents à ceux des Freycinet,
Lesseps, duc d'Audiffret, Emile Ollivier pour
collaborer à la rédaction perpétuelle du Dictionnaire de la langue française.

Il exprima pour la première fois l'intention de
postuler un fauteuil sous la Coupole, un matin de
décembre 1892, où debout près du *zinc* du mastroquet de la rue Saint-Jacques, il attendait non
plus Eugénie, mais Philomène. Aux lieu et place
de l'amie, un ami, un certain Thomas, perdu de
vue depuis des mois, apparut à sa vue en compagnie
d'un inconnu. Le poète se livra tout d'abord aux
effusions de la joie la plus vive de revoir son cher
Thomas. Celui-ci, selon le protocole spécial aux
amis du poète, commanda une tournée, et présenta
son compagnon, un journaliste friand d'interviews.

Verlaine, très en verve, laisse vagabonder son
imagination féconde, au grand plaisir de l'ouïe et
de la vue des assistants. Dans un monologue aux
brusques envolées, diapré de brillants coqs-à-l'âne,
reflétant des conceptions stupéfiantes, il effleure
tour à tour les sujets les plus disparates, saute des
Parnassiens aux prisonniers de Mons, des femmes
cyclistes aux infirmières de Broussais, des *sodomites*
aux honorables politiciens du Luxembourg et du
Palais-Bourbon, et du pétomane à l'auteur de la
Terre.

— Ah ça, cher maître, interroge alors le journaliste, à brûle pourpoint, pourquoi diable, en ce temps de candidatures académiques, ne poseriez-vous pas la vôtre ?

— En effet, pourquoi donc ne la poserai-je pas ? n'ai-je pas au fauteuil autant de droits qu'un autre ? Douze recueils de vers, cinq volumes de prose, une pièce de théâtre, des monceaux d'articles parus dans les journaux ou revues, — cela constitue, ce me semble, une œuvre, dont beaucoup d'immortels ne peuvent se glorifier. Monsieur, ajouta-t-il avec un sérieux imperturbable, je suis absolument décidé à me présenter à l'Académie et je vous autorise à l'annoncer.

Le lendemain, un journal boulevardier délayait cette nouvelle dans un article d'une demi-colonne. Et le surlendemain, M. Emile Boissier — je n'écris pas Gaston Boissier — chantait au Caveau du *Soleil d'or*, sur l'air de *Cadet Rousselle*, ces couplets d'actualité :

VERLAINE A L'ACADÉMIE

On nous annonc' dans le journal   *bis*
Un événement qu'est pas banal ;   *bis*
Verlain' — paraît-il — se présente
A l'Académi' des quarante
Ah ! ah ! ah ! oui vraiment   } *bis*
Ce Verlaine, il est épatant
Il va s'ach'ter un' pair' de gants,   *bis*
Un gibus des plus élégants,   *bis*

> Pour aller fair' — chose difficile !
> Sa visite à Leconte de l'Isle.
>
> . . . .
>
> . . . .
>
> Il quittera sa redingote râpée
> Pour aller voir François Coppée
>
> . . . .
>
> . . . .
>
> Puis il ira sucer la pomme,
> Au bon monsieur Sully-Prud'homme, etc., etc.

En France, la chanson se faufile partout comme un oiseau léger. Ses refrains les plus sarcastiques n'ont cependant jamais rien détruit. Ils n'émoussèrent pas la cuirasse d'opiniâtreté dont Verlaine se barda pour persévérer dans sa candidature et la défendre envers et contre tous.

Son imagination, en pleine griserie d'ambition, lui suggère alors plusieurs lettres, étonnantes de vantardise, aux marges gribouillées de portraits de l'auteur en académicien, en député, en sénateur.

La mégalomanie, la folie du panache, des distinctions, des honneurs, l'hystérie des grandeurs sévissaient contre le pauvre Lélian, mais par intermittence, à la façon de certaines fièvres. Les accès ne présentaient aucun caractère de gravité.

Ils provoquaient même des délires si changeants et si contradictoires, des sortes de balbutiements rêveurs, bégayés comme par une âme d'enfant qu'ils ne méritaient point d'être pris en sérieux.

A l'heure où la nostalgie de l'habit vert l'obsède,
l'immodeste poète, sollicité par la *Revue Illustrée*,
de **M.** Baschet, de collaborer au jeu des « confidences de Salon » répond à la question : Quelle

qualité préferez-vous chez un homme ? par ce bon
mot : la modestie !

Au cours de ces confidences, il revendique pour
ses héroïnes favorites dans la vie privée, toutes les
belles femmes. Et, comme pour démentir ce propos, il se hâte de troquer sa maîtresse d'alors,

Philomène, femme pas trop déjetée, contre une dame Esther, rappelant par les formes la Vénus hottentote.

. Ce coup de canif dans son contrat morganatique

avec la Boudin amena des conséquences vaudevillesques. Eugénie Krantz ayant eu connaissance des infidélités de Paul, prévient astucieusement Philomène. Celle-ci, aiguillonnée par la jalousie accourt chez Esther et tente de lui crêper le chignon. Des menaces, les deux rivales en viennent à des explications conciliantes, elles contractent un pacte d'alliance contre le traître, et vont ensemble l'agoniser d'injures et d'imprécations. Verlaine les jette à la porte. Eugénie survient, comme par hasard, console et câline le malheureux et reconquiert le premier rang dans son cœur et la gestion de sa bourse.

Sous le joug de cette maîtresse, le Maître rede-

vient esclave du travail. Bon gré, mal gré, il faut
qu'il trime et qu'il rime, qu'il capte l'inspiration,
pour culbuter la guigne et pour vaincre la dèche.
La paix dans le ménage est au seul prix de la débâcle de la fainéantise.

Enfourchant le dada de son Paul bien-aimé,
Eugénie, emportée dans un sublime élan d'abnégation, renonce durant une semaine entière à se gaver
de sucreries, à s'offrir chez le mastroquet la moindre
consommation, afin d'économiser la somme nécessaire à l'achat d'un complet-redingote pour les visites académiques du candidat. Verlaine, ému jusqu'aux moelles par ces sacrifices, double la ration
des tendresses envers l'amante. Il donna plus qu'il
ne pouvait. Son ami, le docteur C***, le détermina
sans aucune peine à réintégrer, en janvier 1893,
l'hôpital Broussais, salle Lasègue, lit 30.

Après quarante jours — un carême — d'un régime hygiénique réconfortant, le poète ragaillardi
par la réception de mirifiques chèques adressés par
MM. Block et Cⁱᵉ, éditeurs à la Haye, se déclara
guéri, et réclama un billet de sortie.

Rendu à la liberté, il s'oublie un instant aux dou-
ceurs du foyer d'Eugénie, dans un garni de la rue
des Fossés Saint-Jacques. Son rouleau « d'ors » se
vide, et derechef la misère va le happer. Vanier
veille sur lui et vient à la rescousse ; il lui achète et
paye la propriété du manuscrit *Mes Prisons*, et lui
remémorant les succès d'estime et de florins rempor-

tés lors du voyage en Hollande, il découvre devant sa pensée un horizon de fortune, un filon à exploiter, des campagnes de conférences à donner hors des frontières de France.

La Belgique, l'Angleterre, la Suisse, le Portugal, représentent, aux dires de l'éditeur, autant de pays où le nom de Verlaine est depuis plusieurs années brusquement entré dans la gloire, sorti triomphalement des discussions de tous les passionnés de la rime et de la mélodie verbale. Les lettrés de ces pays souhaitent ardemment acclamer le poète, que des critiques autorisés ont proclamé le meilleur poète de son temps.

Verlaine se laisse séduire, surtout par des arguments d'ordre mercantile développés en dernier ressort. Son choix se porte d'abord sur la Belgique. Il y cherche des alliés, et y découvre aussitôt des mécènes, MM. Jules Destrée, Maus, Carton de Wiart et bien d'autres, qui le réclament et mettent spontanément à sa disposition un budget de campagne de beaucoup supérieur à ses prévisions.

Le 25 février, le conférencier est à Charleroi. Une affluence extraordinaire s'entasse dans le théâtre de cette ville pour le voir, sinon pour l'entendre. La sympathie, le respect, presque une déférente pitié se dégagent de l'attention que lui prête l'assistance. Les simples éprouvent comme une désillusion ; ils avaient cru voir un barde inspiré, fastueux, un demi-dieu rayonnant au milieu des vivats et des acclamations, ils ont devant eux un être humain à la face ravagée, aux yeux caves et sans flamme, un pauvre hère aux vêtements modestes, très modestes, à qui les bons tailleurs n'ont pas fait crédit.

Tout d'abord le poète s'excuse de n'être pas un orateur, de n'être qu'un lecteur et un lecteur enrhumé. Sa voix est, en effet, basse et comme voilée. Il lit hâtivement, sans détacher son regard du papier, en débutant intimidé. Peu à peu, il reconquiert son aplomb; il cause plus à l'aise de certaines de ses pièces; il dit de ses beaux vers, superbement, avec des accents profonds, pénétrants, sans cabotinage, sans éclats de voix.

Son auditoire est conquis. Il le ravit en égrenant un chapelet de louanges à l'adresse des poètes et prosateurs de la Belgique. Aucun nom n'est omis dans cette litanie; et le conférencier sait admirablement caractériser d'une seule épithète chacun des écrivains connus du public qui l'écoute.

Après cet acte de soumission aux lois de l'hospitalité, sa conférence devient verlainienne. Il parle avec sérénité des blessures, des plaies de sa vie, et glisse, sans appuyer, sur les catastrophes de Bruxelles et de Mons, torrents de boue qui brisèrent les rêves du premier foyer.

Le lendemain, Verlaine répétait à peu de choses près cette causerie à Liège, dans la salle de l'Emulation, bondée de monde. Sa voix fatiguée n'était qu'un susurrement à peine perceptible pour la majeure partie de l'assistance. Néanmoins, ceux qui profitèrent de sa semaille de joyaux verlainiens prodiguèrent au conférencier des ovations enthousiastes.

Le 27 février, l'infatigable voyageur littéraire parlait au *Cercle Léon XIII*, de Bruxelles. Ce soir là, la salle fut trop petite pour contenir la foule accourue à l'annonce d'une conférence du poète, devancé par la renommée sympathique de ses crises de retour à Dieu. Lélian, très habile, y lut de préférence des cantiques découpés dans *Sagesse*, œuvre de prédilection des âmes catholiques.

Il transmet le 28 février de ses nouvelles à Eugénie Krantz, par une carte postale libellée en style télégraphique :

« Chère amie,

« Hier a eu lieu ma première conférence à Bruxelles. Succès. Demain mercredi vais à Anvers, où conférencie le soir. Coucherai là, et reviendrai à Bruxelles après demain, pour nouvelle conférence à deux heures, une matinée. Vendredi autre conférence, soirée. Samedi, vais à Gand !!... en attendant d'autres pérégrinations.

As-tu reçu ma lettre *chargée* d'hier ? Mille bécots... à bientôt beaucoup de galette.

« PAUL VERLAINE. »

Ce même jour, 28 février, Verlaine fut choyé par les Bruxellois. Il rend compte de l'emploi de cette journée, dans une lettre à Eugénie.

Mercredi, 8 heures du matin.

« Ma grosse chérie,

Je t'écris ceci en hâte au moment de monter en wagon pour Anvers. Ma seconde conférence, à Bruxelles, a été très, très bien. J'y avais un public d'élite, jusqu'à M. Nothomb, ministre d'Etat, avec qui je me suis longtemps entretenu du pays de mon père, dont il est. Demain, j'aurai le ministre des Beaux-Arts !

« Hier à l'issue de ma causerie, j'ai été dans un très beau concert où des musiciens français, entre autre, le compositeur Vincent d'Indy, assistaient. Le soir, grand dîner chez M. Edmond Picard, homme charmant et hôte somptueux.

« Je te joins 3 pièces de vers que tu pourras porter, mais contre-finances au comptant, à D.... de la *Plume*, à qui je vais écrire. Tu lui diras en tous cas que j'ai jusqu'ici beaucoup de succès.

« La récolte d'argent est un peu lente ; cela vaut peut-être mieux. Mes poches sont si percées ! Et, comme on dit, aux derniers les bons. Je compte au minimum sur 1000 francs.

« Si je ne dois pas aller en Hollande où j'ai écrit, je serai de retour vers le milieu de la semaine prochaine. Tu seras prévenue.

« Je loge ici, chez un excellent garçon, M. Henri Carton de W.... avocat à la Cour d'appel de Bruxelles ; — mais écris-moi poste restante.

. . . .

. . . .

« Tu as bien reçu ma lettre *chargée*, pas ? T'enverrai demain encore un peu, et ainsi de suite jusqu'à ce que je t'apporte fidèlement, bon chéri, la grosse somme... avec mille et mille baisers.

« P. V. »

A peu de variantes près, Verlaine interpréta, dans toutes les villes belges visitées, la même conférence. A la veille de sa rentrée à Paris, il reçut de la part des organisateurs de sa tournée, une invitation à lire dans la salle de la deuxième Chambre de la Cour, en ce même Palais de Justice de Bruxelles, qui lui rappelait de pénibles souvenirs, des épreuves de son volume alors près de paraître sous le titre : *Mes Prisons.*

Installé au-dessous du bureau où siègent les conseillers les jours d'audience, dominant un auditoire d'avocats attentifs, presque recueillis, groupés sur les marches, assis sur les pupîtres même, il lut avec une simplicité bonhomme le récit de tous ses déboires judiciaires : sa condamnation à Bruxelles, sa captivité à Mons, ses mésaventures de Vouziers, ses accidents de noctambule. Il conclut par ces mots : « Eh ! Messieurs les gens de police, laissez donc les poètes ! Ils ne vous regardent pas, — dans les deux sens du mot ».

« J'obtins dirai-je un beau succès ? — écrivit plus tard Verlaine, dans la *Revue Blanche*, n° du 1ᵉʳ juin 1895. — Oui, en prenant beau dans le sens de cordial, de gagné d'avance. Car je suis un lecteur médiocre, et un orateur nul, presque aphone... Succès, sinon beau littéralement *bon*. Bon pour moi ! jusqu'aux larmes d'attendrissement, jusqu'à un presque évanouissement de joie et de juste orgueil en une telle extraordinaire circonstance ! Jugez donc ! *Mes Prisons* ! dans le prétoire d'une ville où vingt ans auparavant... lues et applaudies !... »

Si l'illustre Lachaud n'a pas été prophète au sujet de Bazaine, sa célèbre apostrophe : « Rappelez-vous, Messieurs, que là où les juges élèvent l'échafaud, la postérité élève une statue ! » contient de prophétiques enseignements.

En décomptant ses frais de déplacement, Paul rapportait à Eugénie six billets de banque de cent francs, et une quantité de monnaies blanches à l'effigie de ce *brave Léopold*, disait-il. Dans le wagon qui le roulait vers la bien-aimée, le poète, comme jadis Victor Hugo retournant de Belgique, fut soudain réveillé par les cris de « Sedan ! Sedan ! » lancés dans la nuit.

D'un jet, il crayonne au dos d'un chiffon de papier retrouvé dans la poche, des strophes imprégnées d'un beau souffle patriotique. Puissè-je les sauver de l'oubli en les publiant dans ce livre ? Elles émanent d'un cœur de Lorrain, resté Français.

Ce nom, Sedan ! me dit de vacances d'enfance,
De passages « en diligence », dans un bruit
Joyeux de clic-clacs et de vitraille qui fuit
Vers un horizon gai, qu'on dirait qui s'avance.

Ce mot, Sedan ! m'évoque ainsi qu'à tous en France
Une plaine lourde de sang, blême de nuit,
Des cris éteints, qu'une rumeur en rêve suit,
Sur quoi plane, très haut, comme un vol d'espérance.

Sedan ! Sedan ! pourtant il sonne encore doux
Et frais, non plus pour l'avenir ou la mémoire
Mais bien dans le présent, bien vivant, grâce à vous !

Il sonne, il brille le futur nom de victoire
Accent joli, mignon entrain toujours accru
Et l'Ardennais qu'est moi presque en reste féru.

XVII

Eugénie Krantz cueillit le Maître à la descente du
wagon qui le ramenait de Belgique. Un fiacre em-
porta le couple de la gare du nord vers les hauteurs
du Panthéon. A mi-trajet, la trésorière du ménage
revendiqua la garde des fonds du voyageur.

Paul, chez qui l'âge et le talent n'excluaient pas
la naïveté, lui confia les billets de banque. Elle les
plaça sous le corsage, entre deux mamelons.
Verlaine avec un sourire béat déclarait envier le
sort de ces sales chiffons de papier.

Les jours suivants, on agita sérieusement la question de placer cet argent à la caisse d'épargne. Vanier ayant accepté de publier une réédition de *Liturgies intimes* et d'éditer deux recueils nouveaux:
Odes en son honneur et *Elégies*, les droits d'auteur
de ces publications pourraient largement couvrir,
des mois durant, les frais matériels de la vie.

En vieillissant, le bohême songeait à thésauriser.

Mais ses idées de prévoyance emportées par la

bourrasque des habitudes s'évanouissaient comme des songes.

Eugénie, d'autre part, se fut sevrée à contre-cœur d'un bien-être qu'elle commençait à apprécier.

On coula donc, dans l'insouciance des mauvais jours futurs, les premières semaines du printemps de 1893. A la fin mai, on n'avait plus que le souvenir d'avoir possédé une liasse de billets bleutés. L'argent de la Belgique, et les « ors » de Vanier s'étaient fondus comme par enchantement entre les doigts de la caissière.

Avec la pauvreté, le cortège des turpitudes envahit le foyer du poète. Eugénie, — ô comble de l'ingratitude ! — menaçait chaque jour de lâcher l'amant déplumé. Elle l'instiguait, par peur de la Faim, à adresser aux Rotschild et autres ploutocrates des demandes de secours. Par un vieux restant de dignité, Verlaine libella les premières requêtes au nom de la Krantz.

Peu à peu, la misère ayant sapé chez lui toute énergie morale, il chemina de journal en revue, essayant d'obtenir contre de la copie manuscrite une avance quelconque d'argent. Les hontes essuyées par le pauvre grand homme au cours de ces plates démarches accrurent de bon nombre de pièces le manuscrit d'*Invectives*.

Le 24 juin, Verlaine à bout d'expédients, abandonné par Eugénie partie en bordée avec un garçon coiffeur, rentrait à l'hôpital Broussais, salle Lasègue,

lit 24. Il y attendit vainement une visite de la
Krantz. Il exulta en voyant apparaître Philomène
Boudin. La compatissante amie réclamait la faveur
de consoler le malade délaissé. Et Verlaine, touché
de sa démarche, lui entr'ouvrit du bout des lèvres le
trésor des promesses d'amour.

Il composa pour son amante des jours néfastes le
sonnet inédit que voici :

A MA CHÈRE PHILOMÈNE

Il est un arbre au cimetière
Poussant en pleine liberté,
Non planté par un deuil d'été,
Qui flotte au long d'une humble pierre.

Sur cet arbre, été comme hiver,
Un oiseau vient qui chante clair
Sa chanson tristement fidèle.

Cet arbre et cet oiseau, c'est nous,
Toi le souvenir, moi l'absence,
Que le temps qui passe recense...
Ah! vivre encor à tes genoux!

Ah vivre encor! mais quoi, ma belle,
Le néant est mon dur vainqueur!...
Du moins, dis, je vis dans ton cœur?

Ces vers sont datés de l'hôpital Broussais, le
3 octobre 1893. Huit jours après, Paul sortait de

l'hospice au bras de Philomène. Cette même compagne lui servait de béquille, dans le trajet qu'il effectuait le 11 octobre pour aller en personne remettre au concierge du Palais-Mazarin, un pli adressé à Monsieur le secrétaire perpétuel de l'Académie française et contenant la déclaration officielle de sa candidature au fauteuil vacant par le décès de M. Taine.

Les échotiers s'emparèrent aussitôt de ce fait divers. Et bien des chroniqueurs immolèrent le candidat sur l'autel du sarcasme. Verlaine répondit à leurs diatribes dans un article : *Ma candidature*, paru dans le numéro du 25 octobre 1893 de la *Revue Parisienne*.

J'en extrais le passage suivant :

« Quant à mon vieux camarade Edmond Lepelletier, je ne puis lui en vouloir du portrait un peu vieux jeu qu'il trace de moi. Front chauve, que c'en est gênant pour les spectateurs! même *lui*! paraît-il : — ô solidarité, tu ne serais donc qu'un nom, toi aussi ! — *patte* qui traîne, visage plombé, labouré, suturé. Il me prédit pour bientôt un garde-vue vert et, faisant une allusion impie à l'Académie, me présente à ses lecteurs comme désormais apte à figurer dans une assemblée de vieillards vilains. Je lui pardonne bien volontiers ces tout petits torts (torts quand même). — Mais je lui en voudrai toujours, en toute mansuétude chrétienne toutefois [et je me moque de ce qu'il blague ma « phraséologie cléricale »] d'avoir dit et imprimé que *Sagesse* était de la *fumisterie*. D'autant plus qu'il sait où et quand ce livre, où j'ai essayé de mettre toute mon âme, fut pleuré et souffert! Pour une monstruosité c'en est une, et je l'en charge sans rancune mais sans pitié! »

Un peu comme les gens qui ont beaucoup roulé dans la vie sans avoir jamais gravi les sommets, Verlaine effacé, presque usé d'aspect et de manières éprouva de la gêne à jouer jusqu'au bout le rôle de candidat. Endosser une redingote et parader dans des salons d'académiciens dépassait ses moyens. Il négligea de se conformer à l'usage des visites académiques. Les Immortels daignèrent l'excuser. Le monde pardonne tout aux supériorités qui ne l'humilient pas.

D'ailleurs la nécessité de gagner la pitance quotidienne l'éloignait derechef de Paris. De généreux amis nancéiens lui offrirent un traitement d'étoile de la rampe pour venir rééditer à Nancy, le 8 novembre, dans les salons du Grand Hôtel, la causerie sur les poètes français contemporains qu'il avait déjà débitée tant de fois en Hollande et en Belgique. Engagé pour une représentation similaire, à Lunéville, il la donna le lendemain, 9 novembre, dans le salon des Halles. Les Lorrains accueillirent triomphalement leur éminent compatriote.

De là, le conférencier toucha barre à Paris, pour préparer une tournée en Angleterre. Avant de s'em-

barquer pour la chaste Albion, il s'octroya la laborieuse fantaisie de mener de front deux amours,
d'alterner de Philomène à Eugénie, tout en essayant
de convaincre chacune qu'elle était l'aimée exclusive. Néanmoins, il privilégia la Krantz, en la met-
tant seule dans la confidence de son départ, et en la
tenant par correspondance au courant de ses faits
et gestes chez les Anglais.

Afin de documenter cette longue monographie,
je me suis imposé la tâche parfois rude de déchiffrer
un monceau d'autographes de Paul Verlaine. J'avoue
m'être fort récréé à la lecture des vingt-deux lettres,
adressées par le voyageur, du 20 novembre au 6 décembre 1893, — soit en quinze jours ! — à Eugénie Krantz. Les enveloppes de ces missives portent
comme suscription : *Madame Verlaine, 5, rue
Broca, Paris.* Elles sont tour à tour datées de
Londres, d'Oxford, de Manchester, et de Douvres.
Le texte est diapré d'épithètes bizarrement contradictoires, telles que: « chère femme », « chérie »,
vieille traînée », « sale p..... » etc... Des fautes
d'inattention, fort déplaisantes pour la destinataire,
qu'il dénomme parfois « ma chère Philomène »
peuvent expliquer ces appellatifs, variés en raison
directe de la teneur des réponses de la chère Eugénie.

Par compensation, le correspondant distrait laisse
passer dans une amoureuse missive lancée de Manchester à l'adresse de Philomène Boudin, ce *lapsus*

calami: « sois mon Eugénie toujours chère ».
Cette erreur déchaîna sous le crâne de Philomène

une tempête de jalousie, qu'apaisa d'ailleurs prompte-
ment une réponse de Paul repenti et contenant

en outre d'un dessin la mention d'un envoi de deux livres sterling.

En attendant, Verlaine accomplissait sur le sol britannique sa campagne de propagande en faveur de ses œuvres et de celles des poètes français décadents, symbolistes, romans, incohérents, etc. L'amour exclusif de l'art ne l'avait pas guidé sous le ciel gris-de-plomb de la grande île. Un de ses objectifs, très honorable en soi, était d'en ramener un escadron de jaunes cavaliers de Saint-Georges, de livres-sterling, c'est-à-dire des gages certains de victoire contre son implacable ennemie: la misère. Il l'atteignit. Les conférences produisirent: à Londres, 850 francs; à Oxford, 150 francs; à Manchester, 455 francs, soit 1455 francs pour trois causeries littéraires, chacune d'une durée d'environ trois heures.

« Et, tu sais, ma chérie, un député qui pérorerait au Palais-Bourbon pendant six heures ne toucherait pas plus de 25 francs. C'est vrai qu'on lui en donne autant tous les jours, même quand il ne dit rien. Ici, il faut que j'use ma salive.

« On m'offre aussi d'écrire des vers pour des journaux, et je toucherai aussi de la « galette » d'une revue où l'on publiera ma conférence. Comme ici tout va par cent francs, ça rapportera peut-être encore un joli petit boni.

« Quant au bracelet, etc., — si c'est possible je ferai ta volonté. Parles-tu sérieusement, à propos du mariage? Si oui ! tu m'aurais procuré le plus grand plaisir de ma vie. Nous irons chez M. le Maire quand tu voudras. C'est d'ailleurs le plus sûr moyen de t'assurer quelque chose de fixe après ma

mort. O chérie ! oui, va, ce sont toujours là mes idées. Je
n'aime que toi et combien ?

« Ici, je mène une vie de pacha, pour rien, à l'*œil*. Dîners
terribles, théâtres, cafés-concerts. Mais cela ne m'amuse
guère et j'aimerais mieux infiniment, incomparablement
mieux être près de ma *Philomène* (sic), même quand elle est
méchante, comme ça lui arrive... quelquefois ! Je ne bois
pas, et je ne boirai plus si ma chérie me le défend.

. . . .

« Je ne sais encor quand je pourrai revenir ; j'espère que
ce sera avant dimanche,... à moins que tu ne veuilles autrement. Tes volontés sont les miennes. Je sais trop ce qu'il
m'en coûte de ne pas t'obéir et tu as toujours raison.

« A bientôt, chère femme, — je t'embrasse et t'aime de
tout mon cœur. »

Cet extrait d'une lettre adressée à Eugénie, non
à Philomène comme on serait tenté de le croire,
partit de Londres le samedi 2 décembre 1893. Elle
valut à Verlaine, sans doute, une réponse désagréable, puisqu'il écrivit à la Krantz, dans la journée du lundi, 4 décembre, les deux lettres ci-dessous.

Lundi matin, Londres.

« Ma pauvre chérie,

« Adieu, va ! Ça vaut mieux. Quand tu auras besoin de moi,
fais-moi signe, et tout je le ferai. Mais revivre ensemble,
c'est impossible. Tu le paieras toujours des m..., jeunes gens
et ça finirait par de la charcuterie !

« Comme tu as plusieurs logements, je ne sais si j'irai rue
Broca, où j'ai payé.

« Si tu veux me voir, je serai après demain jeudi, gare du

Nord par le train qui arrive de Calais à Paris, à sept heures du soir. Surtout ne sois pas accompagnée et ne débusque pas tout à coup d'une porte.

« Ton P. V. »

Lundi soir. Londres, 4 décembre.

« C'est la mort dans l'âme que je t'écris ceci. Quand **une idée fixe** s'empare d'un homme, c'est fini. J'ai l'idée, **tout** me le dit, le passé, le présent, 3 000 francs dépensés ou mis de côté par toi, sans aucun profit pour moi, les propos des gens, — tout m'indique que tu as un amant, que tu demeures avec lui et qu'il se *fout* de moi comme de toi. A ton âge on n'a pas *pour rien* des amants de 29 ans !

« Je suis écrasé de chagrin, — je pense tout le temps à cela.

« **Morale :**

« Ci-inclus 25 francs. Mais tu sais, je ne te donnerai pas gros, dorénavant. J'ai des habits et du linge à m'acheter, tout me manque. Je te propose ceci ; restons bons amis. Nous pourrons nous revoir ; je ne te refuserai jamais un service. Mais vivre avec toi ! — D'abord, je ne veux plus coucher hors d'une chambre que j'ai payée. Puis, c'est trop cher vraiment. Des six cents francs qui disparaissent en rien de temps ; et tu voudrais encore que je te confiasse tout, tout mon argent. Merci ! Zut aux dos-verts qui s'en pourlècheraient.

« Tu me menaces de te fâcher. Fais-le donc, N. de D., fais-le ?

« Moi, je n'ai plus, je n'ai jamais eu de confiance. Je sais bien par exemple que ton voyage à ton pays fut imaginé, c'est comme pour ton bandagiste, un alibi de... catin.

« Néanmoins je t'aime trop — on peut aimer sans confiance — pour renoncer, moi, à toi.

« A toi qui ne m'aimes, — tu me l'as dit rue Pascal, — que

pour mon argent, pour qui je ne suis qu'un miché, qu'un client, qui suis le monsieur qui t'entretient, tandis que les autres sont tes amants... de cœur — tu l'as dit à quelqu'un en face de moi, rue Saint-Jacques.

« Allons, écris-moi franchement : « Eh bien ! oui, c'est vrai. Je suis dans mes meubles avec A**, 20, rue de la Glacière. J'ai quelques sous d'avance ; quand je n'en aurai plus, je te le dirai. » — Malgré ce langage, nous resterions bons amis. Tandis qu'autrement, ce sera toujours des querelles. C'est terrible (pour moi), mais c'est ainsi.

« Au surplus, et si vraiment tu ne me trompes pas odieusement, salement, ignoblement, en salope, voici :

« J'aurai mon argent placé, j'en irai chercher au fur et à mesure. Je *suis sûr* en outre de 250 francs par mois qui me viendront d'*ici*, contre des travaux. Je toucherai moi-même, seul.

« Si nous devons vivre ensemble, marions-nous. Ton existence sera ainsi assurée après ma mort. Je te fais, je crois, la part belle.

« En tous cas, écris vite. Je puis repartir jeudi prochain. Tu seras prévenue.

« Si ma confiance revient sur preuves, je saurai te rendre la plus heureuse des femmes sur le retour ; moi, trop ton vieux ; hélas !

« P. Verlaine. »

Ce document autopsychologique est la résultante d'une dénonciation contre l'inconduite d'Eugénie, transmise à Paul par Philomène. Verlaine s'y montre titubant entre la volonté et le désir charnel. Il y ajoute le lendemain 5 novembre une page à l'adresse de Philomène Boudin, qui prouve que la nuit est une singulière conseillère.

Londres, 5 décembre 1893.

« Chère Philomène,

« Demain mercredi, c'est-à-dire le jour même où tu recevras ceci, je débarquerai à 7 heures du soir, à la gare du Nord, train venant de Calais. J'apporte *peu* d'argent, mais vais en gagner beaucoup, quelque chose comme 250 francs par mois, pour Londres, seulement.

« Je me sépare d'E**. avec un gros chagrin. J'aime et j'aimerai toujours cette femme là. Mais elle m'est dangereuse et mon parti est bien pris. Toi, je t'aime aussi ; tu as toujours été bonne pour moi... Ne me parle jamais plus de l'autre. Aie un meilleur caractère tout ira bien.

« A demain. Nous ferons un bon petit dîner près de la gare avant d'aller au dodo.

« Va, si nous sommes sages, nous pourrons être heureux. Seulement, il faudra changer de quartier. Je dois m'éloigner d'E** autant que possible. Cette créature a jeté sur moi un mauvais sort ; et toujours ça va mal avec elle.

« C'est si incommode d'envoyer d'ici de l'argent qu'il faut m'excuser de me montrer si avare. Demain, viens à ma rencontre, à 7 heures du soir, gare du Nord, tout se récupérera.

« Ton Paul qui n'aimera plus désormais que toi. »

Ainsi la douce et dévouée Philomène eut sa part, cette fois, des économies de toutes natures rapportées de voyage par le conférencier.

Mais, cette maîtresse, — j'ai omis de l'écrire, — était en possession d'un mari que Verlaine gratifie souvent de « vilain jaloux ». Elle ne pouvait pas donner tous ses instants au poète ; et souvent, à son cœur défendant, elle manquait aux rendez-vous promis. Aussi laissa-t-elle le champ libre à Eugénie Krantz, qui reconquit rapidement, avec le cœur du poète, l'hégémonie dans la maison.

XVIII

Pour l'édification] des plumitifs qui ont fulminé contre la société capitaliste se refusant d'affranchir Verlaine de la misère, et, dans le but d'enlever à la postérité le droit de taxer d'ingratitude les contemporains du poète, je copie textuellement une page de la facture de M. Chiffeman, hôtelier, rue Saint-Jacques, 210, énumérant les dépenses faites dans son établissement, par son illustre client et ami, du 23 décembre 1893 au 9 février 1894 :

Doit M. Paul Verlaine à M. Chiffeman

1893

Décembre 23. 2 verres		0 fr.	40
— » dîner		2	60
— » 6 verres		1	20
— » payé son cocher		2	»
— » 4 verres		0	80
— » 2 demi-setiers		0	40

Décembre	» 4 verres		o	80
—	» argent prêté		5	»
—	» 2 verres		o	40
—	24 Déjeuners et consommations .		2	95
—	» 4 tournées 6 verres		4	80
—	» 5 tournées, 5 verres . . .		5	»
—	» 1 canette		o	6o
—	» 3 verres		o	6o
—	» 5 verres		1	»
—	» dîner trois personnes . . .		6	6o
—	25 2 absinthes		o	40
—	» déjeuner		4	80

Il appert de l'examen de ce mémoire que Verlaine était plus altéré qu'affamé, que les cavaliers de Saint-Georges ramenés d'Angleterre avaient rapidement déserté ses poches. D'autre part, l'addition quotidienne des petits verres tend à prouver que les visiteurs assidus du poète constituaient un assez joli lot de pique-assiettes spongieux.

M. Jules Lemaître a cru voir en Paul Verlaine un isolé, un indépendant qui fuit ses semblables ou les ignore. Je ne suis pas de l'avis de ce pontife non-infaillible. Verlaine ne fuyait pas assez ses semblables : les assoiffés de *gros bleu* et de boissons exécrables.

Devant ce poète, obstiné rêveur, dénué de tout sens pratique, la réalité conserve le décousu et l'inexpliqué d'un songe. Comme le dormeur éveillé des contes arabes, ses yeux s'ouvrent et voient, mais son âme est absente. Il n'observe pas, ne réfléchit guère ; les enseignements de la vie restent lettres mortes pour lui.

En vain, dans le sermon, dans le prêche qui sert de prologue à son volume *Epigrammes*, publié au début de 1894, le poète enfle la voix pour clamer son désir de :

> Se perfectionner sans cesse
> Par l'effort désintéressé
> D'un cœur un peu débarrassé
> De toute l'ancienne bassesse

La grandeur des mots y sert de déguisement à la petitesse des intentions. Cependant l'âge, la cinquantaine parvient à calmer les ardeurs de l'homme et à modifier l'angle sous lequel il entrevoyait la vie. Le livre de vers *Dans les Limbes*, qu'il achève en mars 1894, est comme « l'apaisement du soir ». « Moins vif que les recueils des *Chansons*, des *Odes*, des *Elégies*, il doit clore, — affirmait Verlaine — une série qui aura assez duré pour mon calme personnel, et pour ma conscience littéraire. Désormais, je reviens à de bonnes idées, et sans toutefois négliger les *Invectives*, recueil en préparation depuis 1892, je vais travailler avec acharnement à un grand drame historique en trois actes et en vers, traitant de Louis XVII ».

Il n'existe d'autre trace de ce drame que les vers

publiés dans une revue en 1895, et ceux autogra
phiés ci-dessous :

> Louis XVII au Temple se
> réveillait, tout habillé de loques
> et sortant d'un cauchemar

Simon ! ah j'oubliais ! Il est mort. Heureux lui
Ils l'ont guillotiné, comme on dit aujourd'hui
C'était un homme affreux, il m'aimait pris en g[?]
Il avait le regard de mon cousin Philippe
Et quand il me fixait j'aurais eu peur, je crois
Mais j'étais innocent et me sentais le Roi !
Le roi ! le roi ? Plus même un enfant, un fantôm[e]
Avec tous ses sujets de mille ans pour royaume !
Plus moins était quelqu'un et je n'étais pas seul
Tout seul, tout seul ... orphelin fils ou gueux aïeul
Perdu dans l'enfer de se rouer abêtie.

Eugénie Krantz, aux premières effluves du prin
temps de 1894, hantée de paillardes envies, s'éloigna quelque temps de son vieux Paul trop décati.
Alors, recommença pour le poète, l'étrange existence
du bohême : vie gâchée, secouée aux quatre vents du
sort, sans repos ni travail, sans foyer. On le vit jusqu'en Mai, errer en fantôme nocturne dans les
ruelles du Quartier-Latin. Puis il disparut sans
aviser personne, et fut découvert par un fin limier

du reportage, à l'hôpital Saint-Louis, pavillon Gabrielle, chambre n° 2.

Selon sa louable habitude, il consacrait au labeur les nombreux loisirs de cette villégiature. Il collabora d'une façon régulière à des revues londoniennes : *The Senate* et The *Fornighthy review* ; il adressa contre espèces d'avance des articles ou des pièces de vers à des journaux quotidiens ou périodiques, de Paris. Enfin il refondit et augmenta, en vue d'une nouvelle édition chez Vanier, le recueil de vers *Dédicaces* antérieurement publié sous les auspices d'une feuille hebdomadaire.

Des amis, au nombre desquels il faut inscrire au premier rang M. Maurice Barrès, se chargèrent des frais de son séjour à l'hospice. Des philantropes, fervents admirateurs de son œuvre, lui firent tenir des dons d'argent, sans qu'il les ait sollicités.

Il sortit de l'hôpital Saint-Louis beaucoup plus riche qu'il n'y était entré. L'état de sa bourse lui permit de transporter ses lares dans une pension de famille, de la rue de Vaugirard où les chambres coûtaient jusqu'à 60 francs par mois.

De la fenêtre de son logis, le regard embrassait le superbe panorama du Jardin du Luxembourg. Et lorsqu'on vint lui annoncer là, en août 1894, que les poètes de France l'avaient proclamé Roi, il put justement dire au messager porteur de la nouvelle : « Je n'ai point de palais, mais voici mon parc royal. »

Verlaine recueillait la succession de Leconte de Lisle. Il était, selon la réponse de ses électeurs : « celui qui dans la gloire ainsi que dans le respect des jeunes remplaçait l'auteur des *Poèmes barbares* ». Deux cents hommes de lettres, âgés de dix-huit à vingt-cinq ans, avaient été conviés par M. Georges Docquois et par le *Journal* à prendre part à ce scrutin. Soixante-dix-sept d'entre eux donnèrent leur voix à Verlaine, trente-six à Sully-Prud'homme, douze seulement à François Coppée, et deux à M. Maurice Bouchor. La postérité ne cassera pas le jugement des contemporains de Verlaine. Peut-être s'étonnera-t-elle que l'on n'ait pas voté de liste civile au nouveau souverain, en un temps où toutes les sinécures sont grassement rétribuées, où l'argent des contribuables aide à subventionner une multitude de nullités officielles ?

L'Assistance publique répara cet oubli, dans la mesure de ses moyens. Elle offrit à Verlaine, comme Invalides de la gloire, un hôpital parisien. Il choisit Broussais.

Avec une allégresse juvénile, le Roi des poètes y reçut, du lever au coucher, les hommages de ses sujets, les flatteries de ses courtisans. Sa favorite et sa visiteuse la plus assidue fut encore la bonne Philomène, l'amante fidèle des mauvais jours.

Mais l'interrègne de la Boudin sur le cœur du poète ne dura guère. L'astucieuse Eugénie forgeait sur l'enclume du mensonge des armes pour détrôner sa rivale.

Dès le retour de Verlaine, en son logis de la rue de Vaugirard, en octobre 1894, la Krantz dévoila ses batteries. Elle se pavana sous la fenêtre de Paul en

« une toilette d'allures neuves », acquise de ses deniers chez une revendeuse, et recouvrit pour la première fois sa tignasse d'un chapeau de dame. Ainsi accou-

trée, elle guetta Philomène ; et l'ayant rencontrée,
elle lui avoua confidentiellement tenir des libéralités
de Paul lui-même ses brillants oripeaux.

La candide Philomène tomba dans le piège tendu
par Eugénie. Le feu de la jalousie la monta comme
une soupe au lait. Elle grimpa chez l'amant, et lui
fit une maîtresse scène.

— Ah ! c'est ainsi que ment cette traînée d'Eugénie ! fit Verlaine emballé contre la Krantz ; et soudain, il rédigea la lettre que voici :

Paris, le 23 octobre 1894.

Mademoiselle !

Je veux avoir mes papiers, correspondances anciennes et
confidentielles, mes portraits et papiers de famille, mes manuscrits.

Si je ne les ai pas reçus avant 24 heures, j'aurai l'honneur
de me plaindre auprès de M. le Procureur de la République,
à votre propos, sous le motif de m'avoir volontairement détenu
des objets m'appartenant — preuves et témoins étant là —
objets indispensables à ma vie, autrement dits : instruments
de travail.

Et puis que la *diffamation* cesse et peut-être aussi un ignoble chantage.

PAUL VERLAINE.

Cette lettre fut mise à la poste par Philomène
Boudin. Et celle-ci confiante dans la victoire se crut
à jamais débarrassée de l'ennemie.

Le 25 octobre, soit deux jours après l'envoi de la missive menaçante, le Roi des poètes assistait au café Procope, à une soirée donnée à son bénéfice, où l'on jouait sa comédie : les *Uns et les autres*. Et par un de ces revirements d'opinion aussi inexplicable que certains phénomènes physiques, il autorisait le 3 novembre suivant... Mademoiselle Krantz à toucher pour lui le produit de cette représentation.

Cette autorisation manuscrite porte comme adresse de Verlaine, le n° 16 de la rue Saint-Victor, .domicile d'Eugénie Krantz. Le bon billet, n'est-ce pas, qu'avait mis Philomène à la poste ?

Cette bonne Boudin, qui n'était nullement dans la charcuterie, manquait de combativité. La rancune n'effleura jamais son cœur toujours ouvert à la pitié. Paul la savait apte à tous les pardons. Et c'est à sa tendresse, à sa compatissante sollicitude qu'il s'adressait le 6 décembre 1894, pour la prier de le venir voir à l'hôpital Bichat, où sa destinée d'incurable le conduisit.

« Prends l'omnibus Odéon-Clichy, descends à la fourche et enfiles l'avenue de Saint-Ouen, au bout de laquelle se trouve mon gîte actuel. Les visites sont de 2 à 3 heures, mais tu peux arriver avant. Ma salle est à l'extrémité de la salle Jarjavoy. C'est une petite chambre à deux lits. J'ai des choses à te dire bonnes et d'autres drôles, tu verras... Ne viens ni le samedi, ni le dimanche. Je te dirai pourquoi... Je ne vais pas mal, mais je ne dors plus. J'ai le cœur si gros tu sais ! Je t'attends, et t'embrasse de tout cœur. »

Et en post-scriptum : « Mets un chapeau, veux-tu ? »

Elle satisfit au vœu de son bien-aimé malgré tout, la bonne Philomène. Sans jamais récriminer au sujet des torts pardonnés, elle accomplit jusqu'à deux fois par semaine un pèlerinage d'amour et de charité, en allant s'installer au chevet du malade, alors très souffrant d'une plaie profonde au pied gauche.

L'ingrat, dès remis d'aplomb sur ses ergots, vola vers son autre poule, à qui d'ailleurs, il avait réservé ses audiences du jeudi, durant son séjour à Bichat.

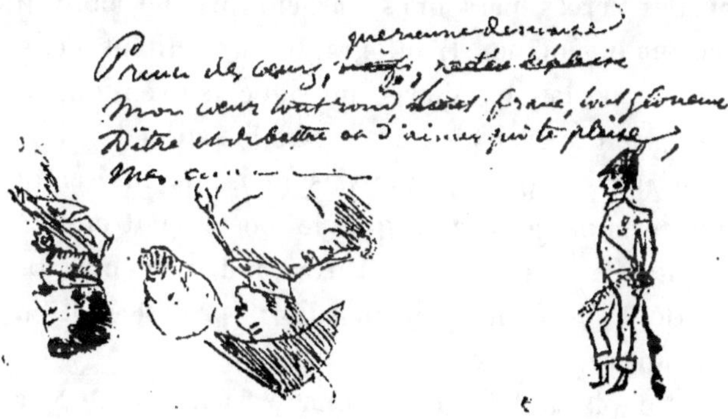

Philomène, comme toujours, fut la dinde de la farce. Elle finit par s'apercevoir combien Paul la bernait, et s'éloigna de lui, sans esprit de retour.

Eugénie Krantz régna désormais sans partage sur

le cœur et sur la bourse de Verlaine. Le ménage vécut assez paisiblement durant la majeure partie de l'année 1895 au domicile de la rue Saint-Victor.

S'il resta besogneux, il faut en attribuer la cause au genre de vie des concubins et à leur entourage, dont la probité ne fut pas toujours scrupuleuse. Verlaine gagnait alors largement de quoi vivre. Ses livres se vendaient ; sa collaboration à de nombreuses publications devenait lucrative ; et des amis fortunés accroissaient encore ses revenus par des dons répétés d'argent. Mais les commissionnaires qu'il chargeait d'encaisser les sommes à lui dues, négligeaient quelquefois de les lui remettre intégralement. Il eut même recours à des expédients, pour faire toucher par des tierces personnes l'argent qu'il ne pouvait recevoir lui-même. L'autographe accréditant l'encaisseur portait en marge un signe conventionnel, une ligne transversale ou un paraphe spécial.

En mars 1895, de mauvais plaisants insérèrent dans certains journaux que le poète était entré à l'hôpital Trousseau. — « Un hôpital d'enfants ! Le seul dont l'accès me soit interdit ! » protesta-t-il en haussant les épaules.

Cette plaisanterie détermina Verlaine à ne plus accepter l'aide de l'Assistance publique, et à se faire soigner à domicile. Il autorisa dans ce but Eugénie Krantz à se doubler d'une domestique, une certaine Zélie. Le dévouement de cette bonne semble avoir varié, tout comme les égards et les appointements qui lui furent dévolus. Ses maîtres ne lui firent cependant jamais l'injure de boire en sa présence un petit verre sans l'inviter libéralement à trinquer avec eux.

Les chaleurs estivales de juin 1895 augmentèrent les dépenses du ménage. Pour y faire face, Verlaine essaya de céder à un prix dérisoire, à un éditeur parisien, le droit de publier une édition de luxe et illustrée des « Fêtes Galantes ». Oublieux des termes du traité passé avec Vanier, il croyait de bonne foi n'avoir pas besoin de l'autorisation de ce dernier pour cette cession. Il reconnut sans difficulté son erreur, et désireux de resserrer plus étroitement que jamais les liens d'amitié et les relations d'affaires qui l'unissaient à Vanier, il se mit à l'œuvre pour terminer l'un des cinq volumes qu'il avait sur le chantier pour cet éditeur. Ce volume a paru sous le titre d'*Invectives*. Il a fait verser des flots d'encre et des torrents de mensonges. La gloire de l'auteur n'en est pas amoindrie.

Pauvre Lélian formulait entre autres vœux de bonheur, celui de ne point mourir à l'hôpital. Il a été exaucé.

Atteint, en décembre 1895, d'une bronchite chronique, compliquée d'une dyspepsie qui finit par lui rendre impossible l'absorption de tout aliment solide, il fut transporté dans un appartement de la rue Descartes, plus vaste et mieux aéré que le logis de la rue Saint-Victor. Eugénie et Zélie assumèrent la tâche de le soigner.

On m'a affirmé que ces gardes-malades avaient une façon particulière de lutter contre la fatigue. Elles s'abreuvaient de punch au point d'en perdre la notion des choses et des gens.

Verlaine se récréait au spectacle de leur ivresse. Le mal physique avait amoindri ses facultés mentales. Des idées enfantines naissaient dans son cerveau. Il se distrayait à dorer sa pipe, son pot à tabac, et voire même le bois des chaises. Sa patience et sa douceur, et surtout sa gaieté, folle par accès, surprenaient ses amis. Parfois, des visions lugubres traversaient son imagination et le pressentiment d'une fin imminente lui inspira des vers — les derniers — qu'il intitula : *Mort.*

Dans la nuit du 7 au 8 janvier, Verlaine se sentant mourir envoya quérir Léon Vanier. L'éditeur répondit trop tard à son suprême appel. Le poète avait expiré, après une courte agonie, en prononçant le prénom de son cher François Coppée. Il ne goûta pas, à son couchant, l'étreinte pacifiante de son fils Georges.

Léon Vanier veilla auprès de la dépouille de son ami. Il pria le dessinateur Ladislas Lœvy de fixer les traits du poète sur son lit de mort, et assista au moulage du masque par le sculpteur Méoni. Il tint à honneur de faire à son auteur de belles funérailles. *Dans ce but, il accepta l'aide pécuniaire du gouvernement, spontanément offerte.* François Coppée voulut également contribuer aux frais des obsèques.

D'autres, comme M. le comte Robert de Montesquiou, promirent une cotisation, mais... ils oubliè-
rent de la verser.

Le 10 janvier, à neuf heures du matin, le corps
fut mis en bière en présence de Léon Vanier et du
poète Gabriel de Lautrec, à qui Verlaine avait peu
de semaines auparavant décerné de justes éloges à
propos de poèmes en prose, réunis depuis en vo-

lume. Dans la pièce adjacente à celle où s'accomplissait la funèbre cérémonie, Eugénie Krantz
versait à boire à d'anciens compagnons de bohé-
mianisme du défunt. Ces gens-là noyaient leur
chagrin !

Les obsèques furent pompeusement célébrées à

l'église Saint-Etienne-du-Mont. Un long cortège
suivit le cercueil jusqu'au cimetière des Batignolles.
MM. Coppée, de Montesquiou, Barrès, Lepelletier,
Mendès et Mallarmé tenaient les cordons du poêle.
A défaut de l'héritier du poète que la maladie retenait en Algérie, M. Ch. de Sivry et Léon Vanier
conduisaient le deuil. Eugénie Krant se prélassait
dans une berline.

Insoupçonnée dans l'escorte, perdue dans ce que
le Tout-Paris comptait de personnalités littéraires,
Philomène Boudin, les yeux voilés de larmes accom-
pagna son infortuné Paul, jusqu'au champ du
repos. Prostrée dans la douleur, elle écouta d'une
oreille peu attentive, les magistrales oraisons funè-
bres du « Roi des poètes » que prononcèrent tour à
tour Coppée, Lepelletier, Barrès, Mendès, Moréas
et Gustave Kahn.

Quand l'assistance se fut retirée, lorsque le cercueil couché dans le caveau fut à jamais scellé sous
la pierre tombale, elle posa pieusement auprès des
géantes couronnes étalées en regrets appointés une
minuscule gerbe de mimosas et de violettes ; et de
sa gorge oppressée monta dans des sanglots une
prière inoubliée, des supplications de pardon en
faveur de l'âme du grand pécheur qu'elle avait
adulé.

Des manuscrits inachevés et quelques poèmes
inédits furent mis sous scellés avec les meubles du
poète, à la requête de Charles de Sivry, son ex-

beau-frère et l'un de ses plus anciens camarades.

Toutes les œuvres du poète ont vu le jour séparément, à l'exception toutefois du manuscrit : *Hommes*, dont l'allure par trop obscène interdit la publication.

FIN

Imprimerie DESTENAY, Bussière frères, Saint-Amand (Cher).